E-Book inside.

Mit folgendem persönlichen Code
können Sie die E-Book-Ausgabe
dieses Buches downloaden.

```
68018-jqx6p-
56r00-2ntss
```

Registrieren Sie sich unter
www.hanser-fachbuch.de/ebookinside
und nutzen Sie das E-Book
auf Ihrem Rechner*, Tablet-PC
und E-Book-Reader.

Bleiben Sie auf dem Laufenden!

 Unser **Computerbuch-Newsletter** informiert
Sie monatlich über neue Bücher und Termine.
Profitieren Sie auch von Gewinnspielen und
exklusiven Leseproben. Gleich anmelden unter

 www.hanser-fachbuch.de/newsletter

 Hanser Update ist der IT-Blog des Hanser Verlags
mit Beiträgen und Praxistipps von unseren Autoren
rund um die Themen Online Marketing, Webentwicklung, Programmierung, Softwareentwicklung
sowie IT- und Projektmanagement. Lesen Sie mit
und abonnieren Sie unsere News unter

 www.hanser-fachbuch.de/update

Gregor Meier

Pagespeed Optimierung

Schritt für Schritt zur schnelleren Website

HANSER

Der Autor:

Gregor Meier, Feldkirch (Österreich)

Bibliografische Information der Deutschen Nationalbibliothek:

Die Deutsche Nationalbibliothek verzeichnet diese Publikation in der Deutschen Nationalbibliografie; detaillierte bibliografische Daten sind im Internet über http://dnb.d-nb.de abrufbar.

© 2016 Carl Hanser Verlag München, www.hanser-fachbuch.de
Lektorat: Sieglinde Schärl
Copy editing: Sandra Gottmann, Münster-Nienberge
Herstellung: Irene Weilhart
Umschlagdesign: Marc Müller-Bremer, München, www.rebranding.de
Autorenfoto auf der Buchrückseite: © photoworkers.ch/Yannick Lyner
Umschlagrealisation: Stephan Rönigk
Gesamtherstellung: Kösel, Krugzell
Printed in Germany

Print-ISBN: 978-3-446-44822-3
E-Book-ISBN: 978-3-446-44939-8

Inhalt

1 Einleitung

Ein guter Tag beginnt mit einer schnellen Webseite. Warum eigentlich? Sie haben vermutlich eine Webseite, auf der Sie Ihr wunderbares Unternehmen, Ihre hochwertige Dienstleistung oder Ihre innovativen Produkte vorstellen. Ich möchte Ihre Produkte gerne kaufen oder Ihre Dienstleistung in Anspruch nehmen. Aber ich warte nicht gerne – und da bin ich nicht der Einzige.

Je langsamer eine Seite lädt, desto mehr Benutzer springen ab. Ab einer Sekunde Ladezeit verlieren die Besucher den Fokus. Die Gedanken schweifen ab und das ist ein Conversion-Killer.

■ 1.1 Machen Sie aus Ihrer Website einen Ferrari

Warum Ferrari? Es sind vor allem zwei Dinge, die einen Ferrari von einem gewöhnlichen Auto unterscheiden: die Liebe zum Detail und die aufwendige Handarbeit. Genau diese beiden Faktoren können Ihre Webseite von einer gewöhnlichen Webseite unterscheiden, und das hat mich zu dem Vergleich mit dem Ferrari bewogen.

Liebe zum Detail

Die Mechaniker aus Maranello legen höchsten Wert auf Kleinigkeiten, die bei anderen Autobauern nicht so beachtet werden. Darum können sie aus ihren Motoren die beste Performance herausholen.

Um eine Webseite auf extreme Performance zu bringen, braucht es ein gewisses technisches Verständnis. Je intensiver Sie sich mit kleinen Details auseinandersetzen wollen, desto tiefgreifender ist das erforderliche Know-how. In diesem Buch möchte ich Ihnen Schritt für Schritt dieses Know-how vermitteln, damit Sie sich auch den kleinen Details widmen können, die entscheiden, ob eine Webseite in einer, zwei oder drei Sekunden geladen wird.

Handarbeit

Bei Ferrari werden Elemente in Handarbeit hergestellt, die bei Audi, Mercedes oder BMW längst vollautomatisch von Maschinen und Robotern gefertigt werden. Durch die Handarbeit besteht die Möglichkeit, auf individuelle Bedürfnisse einzugehen und ein Produkt mit höherer Qualität und höherer Performance an die Kunden auszuliefern.

Unsere Webseite können wir ebenfalls mit verschiedenen Plug-ins automatisch deutlich schneller machen. Dann ist unsere Webseite aber eben ein Audi, ein Mercedes oder ein BMW. Das ist nicht schlecht, aber eben kein Ferrari. Wer einen Ferrari will, muss bestimmte Dinge in Handarbeit erledigen.

Das bedeutet aber nicht, dass wir gänzlich ohne Werkzeuge und Hilfsmittel auskommen müssen. Ich konzentriere mich in diesem Buch auf das Content Management-System Wordpress und werde einige Wordpress-Plug-ins vorstellen, die tatsächlich auf Knopfdruck mehr Pagespeed bringen. Bei den meisten Plug-ins gilt es, noch einiges von Hand nachzujustieren.

■ 1.2 Zielgruppe

Die Zielgruppe für dieses Buch sind Unternehmen und Privatpersonen, die eine eigene Webseite oder einen Blog haben. Mitarbeiter von Web- und Designagenturen profitieren ebenso.

Um dieses Buch sinnvoll nutzen zu können, müssen Sie nicht programmieren können. Aber Sie sollten keine Angst vor HTML oder anderem Code haben, wenn Sie damit konfrontiert werden. Die Techniken, die Sie in diesem Buch lernen, können Sie nutzen, ohne selbst HTML, CSS oder gar PHP zu verstehen.

Natürlich ist ein gewisses Grundverständnis hilfreich. Das meiste, was Sie am Code Ihrer Webseite ändern müssen, biete ich Ihnen in Form von Code-Snippets. Diese müssen Sie dann nur noch abschreiben oder aus dem E-Book kopieren.

Erforderlich ist, dass Sie wissen, auf welchem Server Ihre Webseite liegt und wie Sie Änderungen vornehmen. Arbeiten Sie mit einem Content-Management-System (CMS) wie Wordpress, benötigen Sie zusätzlich einen Benutzer mit Admin-Rechten, um Änderungen an der Seite vorzunehmen und unter Umständen ein Plug-in zu installieren.

Wenn Sie Ihre Webseite nicht selbst betreuen, ist es hilfreich, über die erforderlichen Maßnahmen Bescheid zu wissen, die für die Pagespeed-Optimierung erforderlich sind. Mit diesem Wissen können Sie bei Ihrer Webagentur die entsprechenden Maßnahmen in Auftrag geben. Und Sie haben ein Gespür dafür, wie zeitaufwendig diese Maßnahmen sind.

Jede Webseite kann ein Ferrari werden – egal ob mit Wordpress oder einem anderen CMS

Manche Wordpress-Agenturen erzählen den Kunden, dass es mit Wordpress nicht möglich ist, 100 von 100 Punkten bei Google Pagespeed Insights zu erreichen. Diese Behauptung ist falsch! Google Pagespeed Insights ist ein Online-Tool, das Sie nutzen können, um Performance-Probleme auf Ihrer Webseite festzustellen. Dabei erhalten Sie eine Wertung in Form von Punkten. Wir werden uns in diesem Buch ausführlich mit diesem Tool beschäftigen. Egal ob und welches CMS eine Webseite verwendet – am Ende wird HTML-Code erstellt und üblicherweise mit CSS, JavaScript und Bildern ausgeliefert. Genau diese Auslieferung ist es, die wir optimieren müssen, wenn wir eine schnelle Webseite wollen.

Wordpress ist sogar sehr gut für schnelle Webseiten, die zudem suchmaschinenoptimiert sind. Es gibt Plug-ins, die uns bei der Pagespeed-Optimierung helfen. Besonders wenn Sie sich nicht selbst mit dem Code beschäftigen wollen, kann man mit diesen meist kostenlosen Tools sehr einfach gute Resultate erreichen.

Ich rate aber davon ab, die ganze Arbeit den Plug-ins zu überlassen. Denn jedes Plug-in muss beim Laden der Seite mitgeladen werden – das verursacht mitunter wieder eine höhere Ladezeit. Trotzdem werde ich einige Plug-ins vorstellen, die uns zu guten Ergebnissen ohne aufwendige Programmierung führen.

Ein kleiner Kritikpunkt bei Wordpress ist, dass die meisten Templates (das ist sozusagen das Design, das unabhängig von den Inhalten geändert werden kann) darauf optimiert sind, die Seite komplett zu laden. Besser wäre es, zuerst kritische Elemente zu laden und alle anderen Element später. Was kritische Inhalte sind, wird im Kapitel 9 ausführlich erklärt. Hier müssen wir mit unserer Optimierung ansetzen, damit wir aus einer gewöhnlichen Wordpress-Seite einen Ferrari machen können.

■ 1.3 Beispiele

Beginnen wir mit einigen Beispielen, um zu zeigen, wie schnell eine Webseite in der Praxis sein kann.

mobileshop.eu

Die erste Seite, die wir uns ansehen, ist der Handyshop *http://www.mobileshop.eu*.

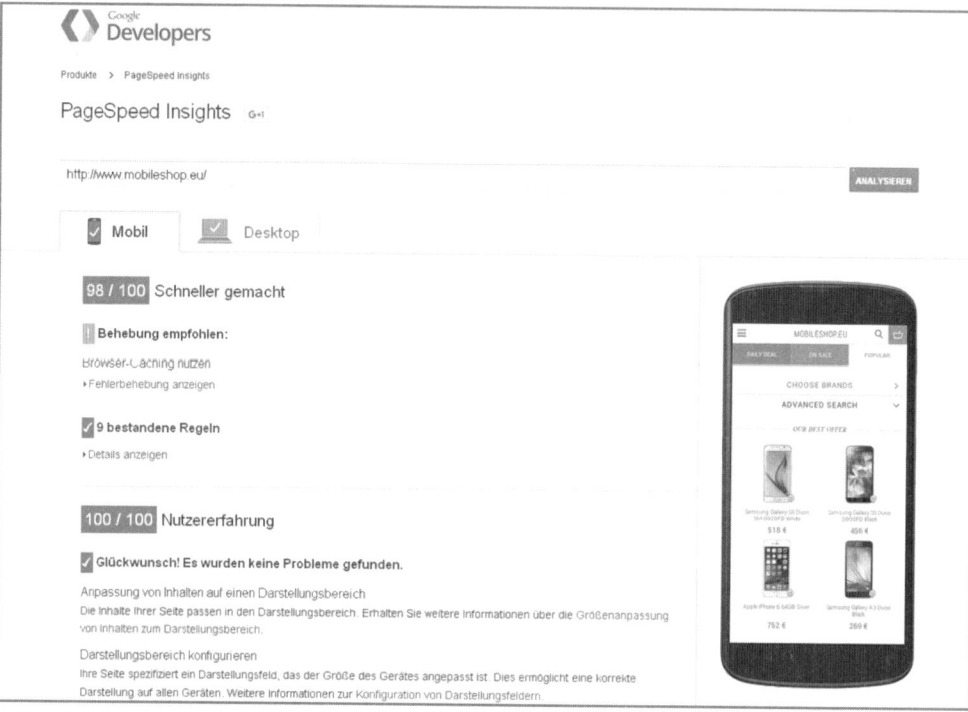

Bild 1.1 Sie sehen hier, wie die Seite mobileshop.eu bei einer Analyse von Google Pagespeed Insights abschneidet.

Google PageSpeed Insights zeigt zwar nicht 100/100; mit einer Bewertung von 98/100 in der Mobile-Version ist der Onlineshop schon sehr nahe an der Höchstpunktezahl. Die Punktezahl spiegelt einen momentanen Stand wieder- es kann sich immer etwas ändern. Was diese Seite noch bremst, sind externe Elemente, hauptsächlich aus sozialen Netzwerken. Der Einfluss darauf ist sehr gering. Trotzdem ist dieser Onlineshop sehr schnell.

www.reisememo.ch

Dass auch eine Webseite mit vielen großen Bildern schnell sein kann, beweist das Reiseblog *http://www.reisememo.ch*. Das Blog nutzt Wordpress und verwendet neben zahlreichen Bildern verschiedene Skripte, welche die Webseite etwas langsamer machen.

Trotzdem kann sich die Bewertung bei Google PageSpeed Insights mit 88/100 durchaus sehen lassen.

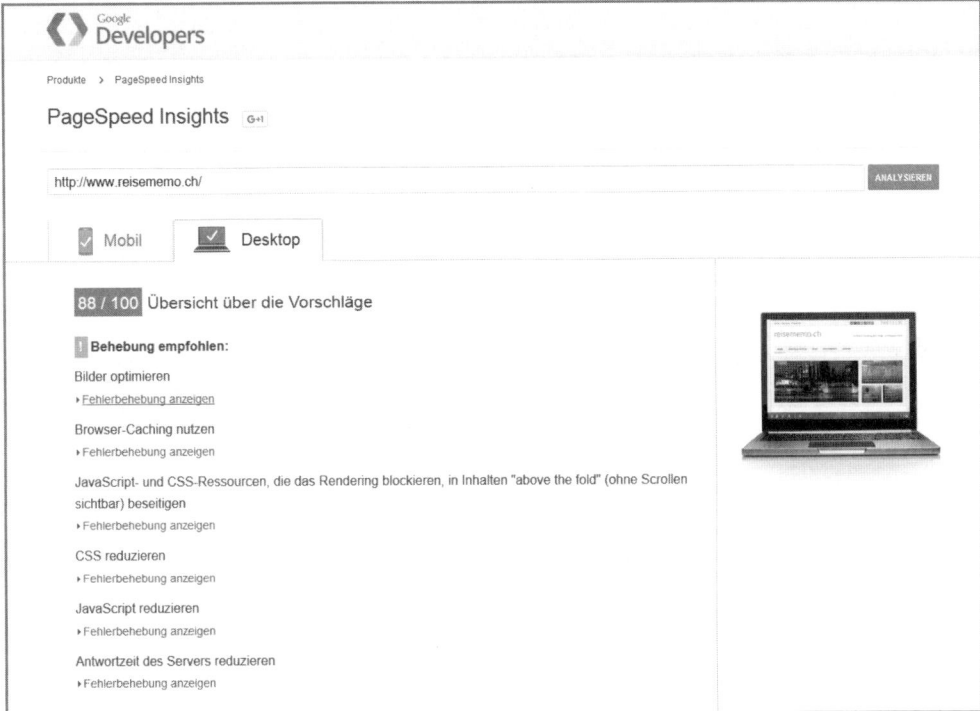

Bild 1.2 Google PageSpeed Insigths-Bewertung von *www.reisememo.ch*

Der Grund, warum diese Webseite nicht auf die volle Punktezahl kommt, liegt hauptsächlich in der eingebauten Werbung. Auf die Ladezeit der Werbeanzeigen – übrigens aus dem Hause Google – hat man als Webseitenbetreiber leider keinen Einfluss.

www.seoone.ch

Eine 100-von-100-Bewertung bei Google PageSpeed Insights ist möglich, das zeigt die Webseite des Schweizer Suchmaschinenoptimierers SEO one. Die auf Wordpress basierende Webseite hat nicht nur bei Google PageSpeed Insights die volle Punktezahl, gemessen mit *http://www.webpagetest.org* lädt die Seite in weniger als 1,5 Sekunden.

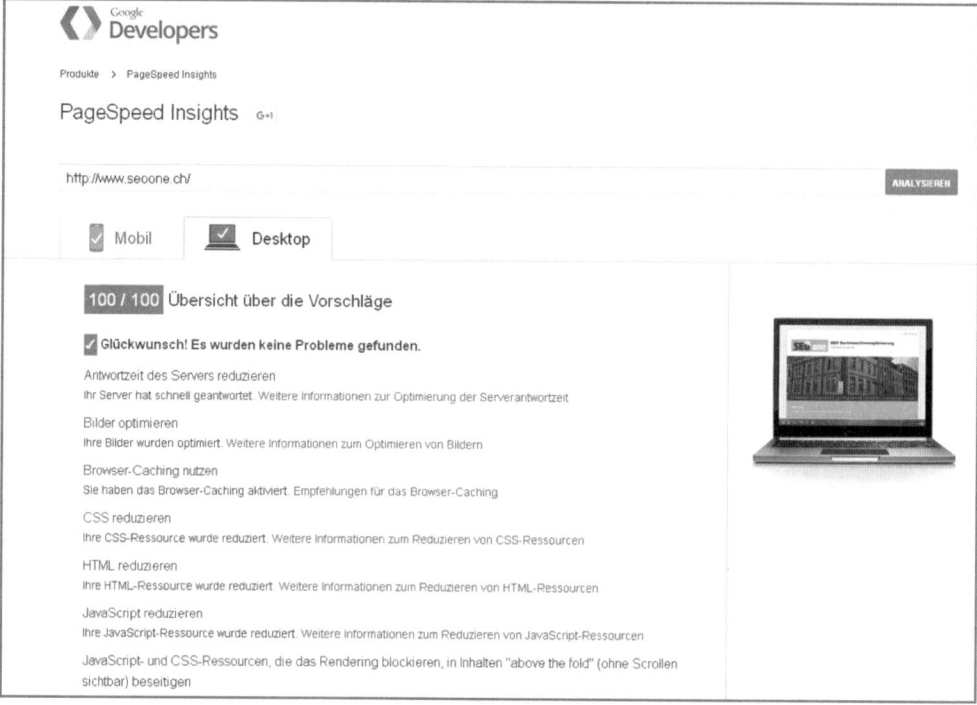

Bild 1.3 Google PageSpeed Insights-Analyse von *www.seoone.ch*

Das ist das Ziel, das mit jeder Webseite erreicht werden soll. In den einzelnen Kapiteln werde ich zeigen, wie Sie mit Ihrer Webseite 100/100 erreichen können.

■ 1.4 Warum Sie aus Ihrer Webseite einen Ferrari machen sollten

Viele Programmierer und auch Grafiker behaupten, dass es sehr aufwendig sei, eine schnelle Webseite zu erstellen, man die Ergebnisse differenziert beurteilen müsse und der dafür notwendige Aufwand sich nicht unbedingt lohnen würde.[1]

Betrachtet man den normalen Alltagseinsatz, ist ein Ferrari einem VW Passat wirtschaftlich unterlegen. Im Profieinsatz auf einer Rennstrecke, wenn es um den Sieg geht, wird der Passat das Nachsehen haben.

Sie müssen sich entscheiden, was Sie mit Ihrer Webseite erreichen wollen und in welcher Liga sie spielen möchte. Die Investition in die Verbesserung der Ladezeit Ihrer Webseite kann sich für Sie lohnen. Eine schnelle Webseite bringt Ihnen mehr Besucher, sie bleiben länger auf Ihrer Webseite, besuchen mehr Unterseiten und schließen mehr Käufe ab.

1.4.1 Mehr Pagespeed = mehr Besucher

Google mag gerne schnelle Webseiten. Weil es für den User besser ist? Nein, weil es besser für Google ist. Weltweit betreibt Google Tausende Server, die den ganzen Tag eine Webseite nach der anderen crawlen, analysieren und bewerten. Schnelle Webseiten brauchen weniger Zeit zum Crawlen. Je schneller eine Webseite lädt, desto mehr Seiten kann ein Server pro Tag abarbeiten. Dadurch spart Google Strom und Geld für neue Server. Darum bevorzugt Google schnelle Seiten schon aus Eigeninteresse. Außerdem hat Google den Anspruch dem Besucher Suchergebnisse mit möglichst hoher User-Experience liefern.

Eine Webseite mit optimiertem Pagespeed wird über kurz oder lang besser in den Suchergebnissen bei Google und anderen Suchmaschinen positioniert sein. Dadurch wird die Seite mehr Besucher bekommen.

1.4.2 Mehr Pagespeed = weniger Absprünge (Bounce Rate)

Studien belegen, dass eine geringere Ladezeit zu weniger sofortigen Absprüngen führt. Der in der Online-Marketing-Welt verwendete Anglizismus für Absprünge lautet Bounce Rate. Bis zu einer Ladezeit von vier Sekunden ist die Steigerung der Bounce Rate am stärksten[2]. Bei einem Anstieg der Ladezeit von vier auf acht Sekunden ist der Anstieg der Bounce Rate nur noch halb so hoch wie von null auf vier Sekunden. Ab zwölf Sekunden Ladezeit steigt die Bounce Rate nicht mehr merklich an, da viele Besucher bereits abgesprungen sind. Es macht also deutlich mehr aus, ob eine Seite in 1,5 Sekunden lädt oder in zwei Sekunden, als ob es fünf Sekunden sind oder acht.

---

[1] https://de.onpage.org/blog/demystifizierung-des-google-pagespeed-insights-tools
[2] http://www.webperformancetoday.com/2012/06/05/web-performance-poverty-line/

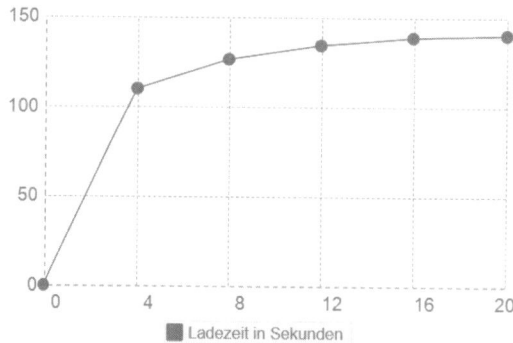

Bild 1.4 Prozentueller Anstieg der Bounce Rate bei längerer Ladezeit

Eine geringe Bounce Rate ist für Suchmaschinen ein Zeichen von guter Qualität der Seite und dass die Seite für den jeweiligen Suchbegriff relevant ist.

Google möchte dem Benutzer Suchergebnisse zeigen, die möglichst hohe Qualität aufweisen. Wenn ein Besucher sofort nach dem Betreten einer Seite diese wieder verlässt, ist das für Google ein Zeichen für geringere Qualität der Webseite. Darum sollte Ihnen auch aus diesem Grund eine schnelle Webseite indirekt zu einer besseren Platzierung in den Suchergebnisseiten verhelfen, was wiederum mehr Besucher bringt.

1.4.3 Mehr Pagespeed = mehr besuchte Seiten

Bei der Pagespeed-Optimierung geht es aber nicht nur um Google, sondern vor allem um Ihre Besucher und damit Ihre potenziellen Kunden. Je langsamer eine Seite lädt, desto weniger Unterseiten besuchen die Benutzer.

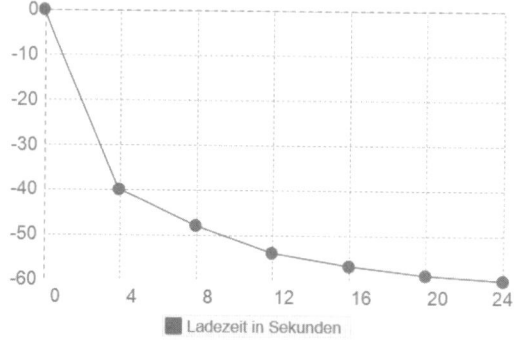

Bild 1.5 Prozentueller Abfall der besuchten Seiten, je mehr Sekunden eine Webseite lädt

Bei vier Sekunden Ladezeit fällt die Anzahl der durchschnittlich besuchten Seiten bereits um 40 %. Dauert das Laden einer Seite acht Sekunden, halbiert sich die Zahl der Unterseiten, die besucht werden, beinahe. Ab zwölf Sekunden gibt es kaum mehr eine Veränderung.

1.4.4 Mehr Pagespeed = mehr Umsatz

Nun denken Sie vielleicht, dass es egal ist, wie viele Seiten der Benutzer während seines Aufenthalts auf der Webseite besucht, solange er Ihre Produkte kauft. Die Ladezeit wirkt sich aber tatsächlich darauf aus und damit direkt auf Ihren Umsatz.

Amazon hat vor einigen Jahren in einer Studie untersucht, wie sich die Ladezeit von amazon. com auf die Conversion Rate und damit auf den Umsatz auswirkt (das bedeutet, wie viele von 100 Besuchern tatsächlich ein Produkt gekauft, einen Newsletter abonniert oder ein anderes Ziel der Webseite erfüllt haben).

Nach dieser Studie kostet eine Sekunde Ladezeit auf das Jahr gerechnet 1,6 Milliarden Dollar.[3]

Eine andere Studie, durchgeführt von Kent Alstad, belegt, dass die Conversion Rate bei einer Ladezeit von vier Sekunden um über 30 % fällt. Bei acht Sekunden Ladezeit sind es bereits über 40 % Abfall[4].

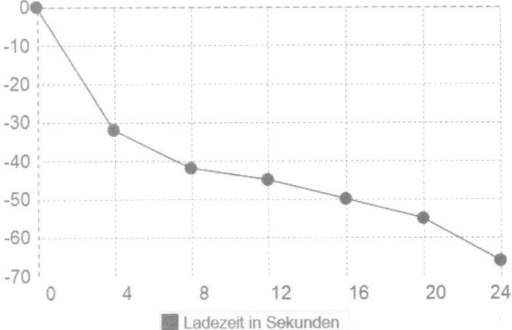

Bild 1.6 Abfall der Conversion Rate, je länger eine Seite lädt

Der US-Einzelhandelsgigant Walmart hat sich ebenfalls intensiv damit auseinandergesetzt, wie sich eine lange Ladezeit auf das Benutzerverhalten und insbesondere auf den Umsatz auswirkt.

Das Ergebnis der Untersuchungen zeigt, dass jede Sekunde Ladezeitverkürzung die Conversion Rate auf der Webseite um 2 % ansteigen lässt.[5] Allerdings muss man sagen, dass diese Erkenntnis nicht in die Realität umgesetzt wurde. Die Ladezeit von *walmart.com* ist nicht sehr berauschend.

---

[3] *http://sites.google.com/site/glinden/Home/StanfordDataMining.2006-11-28.ppt?attredicects=0*
[4] *http://www.webperformancetoday.com/2012/06/05/web-performance-poverty-line/*
[5] *http://de.slideshare.net/devonauerswald/walmart-pagespeedslide*

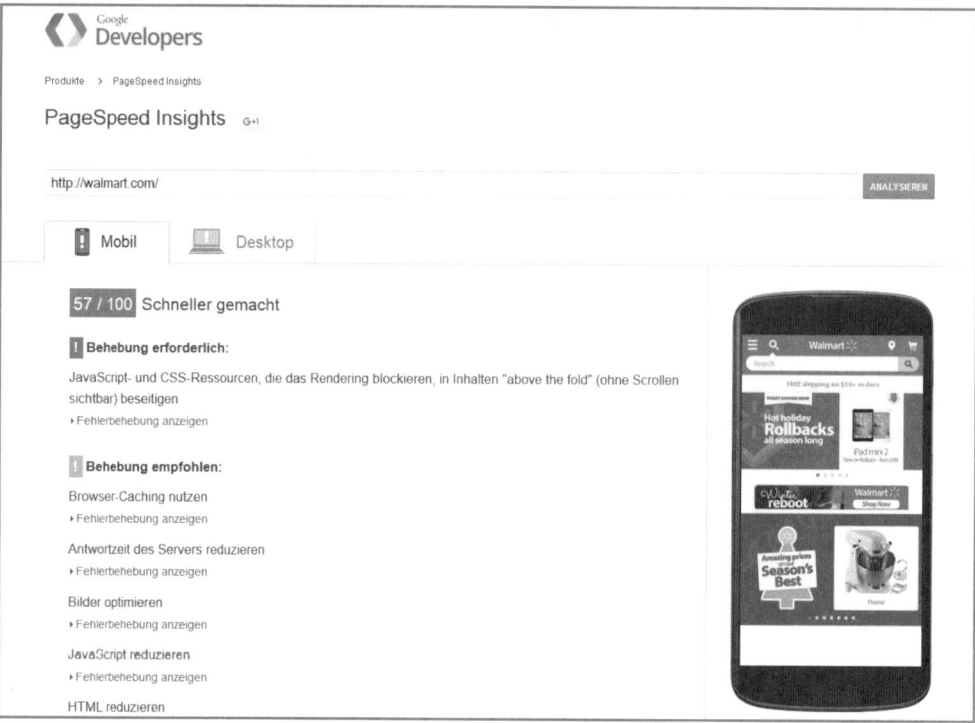

Bild 1.7 Google PageSpeed Insights-Analyse von walmart.com

Zusammenfassend können wir festhalten, dass Sie dank einer schnellen Webseite Ihre Position bei Google verbessern. Sie bekommen mehr Besucher, Besucher bleiben länger auf Ihrer Seite und kaufen mehr. Sie verdienen mehr Geld.

Pagespeed-Optimierung hilft also Ihnen und Ihrem Unternehmen bei der Erreichung Ihrer Ziele. Bevor ich Ihnen jetzt zeige, wie Sie aus Ihrer Webseite einen Ferrari machen, verrate ich Ihnen noch ein Geheimnis. Viele Ihrer Konkurrenten kümmern sich nicht um Pagespeed. Nutzen Sie die Chance, Ihre Konkurrenz zu überholen und hinter sich zu lassen.

Manche Webagenturen behaupten, dass die Ladezeit und die Bewertung bei Google PageSpeed Insights nicht wichtig seien, weil die Internetverbindungen immer schneller werden.

Ja, das Internet wird immer schneller; Leider nicht immer und überall. Wenn Sie prüfen möchten, wie lange Ihre Benutzer für das Laden Ihrer Webseite benötigen, empfehle ich Ihnen Google Analytics.

Im Punkt **AKQUISE** finden Sie **LADEZEIT**. Hier sehen Sie, wie lange Ihre Besucher auf das Laden Ihrer Webseite warten müssen.

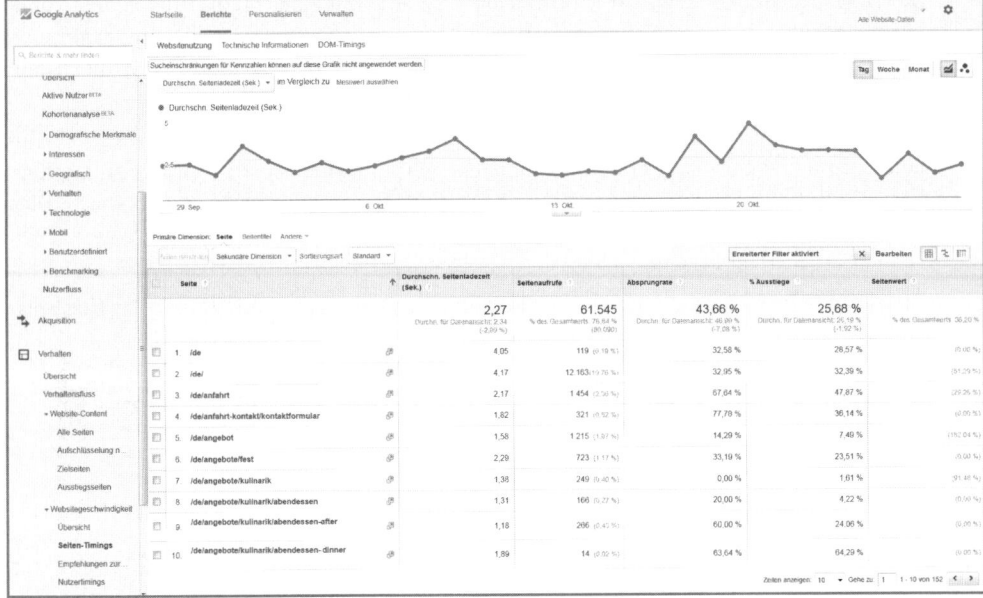

Bild 1.8 Google Analytics, Ladezeit von einzelnen Seiten

In den benutzerdefinierten Berichten können Sie diesen Wert noch genauer aufschlüsseln lassen. So gliedern Sie die Werte nach Ländern oder Regionen. Auch die Gliederung nach Browser ist sehr interessant. Damit können Sie eventuelle Probleme beim Laden in einem bestimmten Browser erkennen.

■ 1.5 Vorgehen

Mir ist bewusst, dass nicht jeder einen Ferrari haben kann und auch nicht jeder einen Ferrari haben will oder ihn sich leisten kann.

Damit es Ihnen leichter fällt zu erkennen, wie aufwendig die in den einzelnen Kapiteln vorgestellten Maßnahmen sind, finden Sie zu Beginn eines jeden Kapitels eine Tabelle, die den Schwierigkeitsgrad, den Zeitaufwand und den geschätzten Nutzen angibt.

Die Kapitel bauen nicht aufeinander auf. Darum können Sie einfach diejenigen Techniken umsetzen, die für Sie am einfachsten umzusetzen sind. Dazu gehört das Optimieren von Bildern, die viel Speicherplatz benötigen, oder die Komprimierung, die auf vielen Systemen in wenigen Minuten aktiviert werden kann und enorm viel zu einer Optimierung der Ladezeit beiträgt.

Andere Techniken sind zeitaufwendiger oder komplexer. Wenn Sie bei Google PageSpeed Insights auf eine 100-von-100-Bewertung kommen wollen, müssen Sie sich aber auch damit auseinandersetzen. Doch auch dabei können Sie Ladezeit sparen, ohne selbst Code programmieren zu müssen. Wollen Sie dann mehr, können Sie sich den komplexeren Kapiteln widmen.

Damit das leichter verständlich wird, möchte ich zuerst mit einer Einführung in die Grundlagen einer Webseite beginnen. Wenn Sie verstehen, welche Prozesse ablaufen, damit eine Webseite vom Webserver auf den Bildschirm kommt, erkennen Sie das Einsparungspotenzial in jedem Schritt.

Dann stelle ich Ihnen verschiedene Werkzeuge vor, die uns helfen, unsere Spitzengeschwindigkeit zu messen. Um aus einer gewöhnlichen Webseite eine Ferrari-Webseite zu machen, kommen wir nicht daran vorbei, auf dem Server einige Veränderungen vorzunehmen. Dies werde ich ebenfalls mit Screenshots ausführlich darstellen, bevor es mit der eigentlichen Optimierungsarbeit losgeht.

Die verschiedenen Code-Snippets, die Sie in diesem Buch finden, können Sie im passwortgeschützten Bereich der Webseite zum Buch herunterladen:

 Passwortgeschützter Bereich für Zusatzmaterialien

URL: *http://www.pagespeed-optimierung.com*

Benutzername: Pagespeed

Passwort: MeineWebseiteIstSchnell

2

Wie kommt eine Webseite auf unseren Computer?

Um zu lernen, wie wir den Pagespeed unserer Webseite optimieren, hilft es ganz grundsätzlich zu verstehen, wie eine Webseite funktioniert. Dabei geht es nicht darum, HTML, PHP oder JavaScript zu lernen. Das dürfen Sie getrost den zahlreichen, gut ausgebildeten Programmierern überlassen. Wenn Sie Ihre Webseite aber deutlich beschleunigen wollen, müssen Sie verstehen, was im Browser und auf dem Webserver passiert, damit überhaupt ein HTML-Dokument angezeigt wird. Dann erkennen Sie, welche Faktoren die Geschwindigkeit bremsen.

Geben wir eine URL in die Adresszeile des Browsers ein, beginnt die Reise mit einer Anfrage des Browsers an den Server. Der Server wird die Webseite zusammenstellen und an den Browser zurücksenden. Der Browser muss den erhaltenen Quelltext anzeigen. Diesen Vorgang nennt man Rendern. Das ist eine sehr vereinfachte Darstellung. Im folgenden Text werde ich die Details erläutern.

Bild 1.1 Eine Webseite wird vom Server zum Browser übertragen.

■ 2.1 Anfrage des Browsers an den Webserver

Wenn wir in einem Browser eine URL (z. B. *http://www.pagespeed-optimierung.com*) eingeben, sendet der Browser an den Webserver eine Anfrage, einen sogenannten Request. Diese Anfrage enthält quasi die Bitte, den Inhalt der Webseite zur Verfügung zu stellen.

Um diesen Request an den richtigen Webserver zu senden, muss der Browser zunächst die IP-Adresse (die eindeutig zugeordnete Adresse eines Gerätes innerhalb eines Netzwerks) des Webservers herausfinden. Dafür sendet er eine Anfrage an einen DNS-Server (DNS steht für Domain Name System). Je nach Einstellung des PC oder Smartphones kann der DNS-Server im eigenen Firmennetzwerk stehen oder auch am anderen Ende der Welt.

Eine Anfrage sieht beispielsweise so aus:

```
GET /index.php HTTP/1.1
Host: www.pagespeed-optimierung.com
```

Der DNS-Server antwortet und teilt die IP-Adresse des Webservers mit. In Kapitel 9.4, *Prefetch und Prerender*, werden wir sehen, wie dieser Prozess optimiert werden kann, sodass nicht bei jedem Klick auf eine Unterseite der DNS-Server nochmals angefragt werden muss, sondern die DNS-Auflösung von weiteren URLs unbemerkt im Hintergrund passieren kann.

Erst jetzt, da unser PC die IP-Adresse des Webservers kennt, kann der Browser seine eigentliche Anfrage mit der Bitte um Übermittlung der Webseite an den Webserver senden.

Neben diesen Grundinformationen sind in einem Request weitere Informationen, sogenannte Parameter, enthalten. Dies sind u. a. der Name des Browsers und die IP-Adresse. Wie lange ein Request unterwegs ist, hängt unter anderem vom Standort des Servers ab. Befindet sich dieser im selben Land, erreicht der Request schneller sein Ziel. Liegt die Webseite auf einem Server, der auf einem anderen Kontinent steht, muss die Anfrage mittels Unterseekabel oder Satelliten dorthin übertragen werden.

Ein lokaler Serverstandort in der Nähe der Webseitenbesucher kann die Übertragungsrate verkürzen. Ebenso kann unter Umständen ein CDN, ein Content Delivery Network, helfen. Mehr dazu in Kapitel 11, *CDN*.

Handelt es sich bei der Seite um eine mit SSL verschlüsselte Seite – das erkennen Sie daran, dass die URL mit https:// beginnt – finden noch einige zusätzliche Schritte statt, bevor der Webserver mit dem nächsten Schritt, dem Zusammenstellen der Webseite, beginnen kann. In Kapitel 14 gehe ich noch ausführlich auf die Optimierung von HTTPS-Seiten eingegangen.

■ 2.2 Behandlung des Requests auf dem Server

Knüpfen wir nun an die Anfrage (Request) des Browsers an, die an unseren Webserver gesendet wurde. Als Erstes sucht der Webserver nach der angefragten Datei. Bei reinen HTML-basierten Webseiten wird er schnell fündig und sendet diese Datei an den Browser des Besuchers zurück.

Bei modernen, dynamischen Webseiten, die mit einem CMS wie Wordpress, Joomla! oder Typo3 betrieben werden, muss der Server einiges an zusätzlicher Arbeit leisten, damit er die Webseite als fertiges HTML-Dokument an den Webseitenbesucher senden kann.

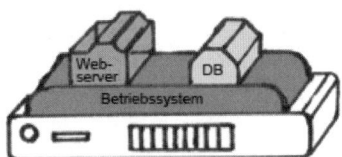

Bild 1.2
Ein Webserver, bestehend aus Hardware, Betriebssystem, Webserver-Software und Datenbank

Egal ob eine dynamische Webseite auf einem CMS basiert oder selbst programmiert wurde, das Kernstück besteht aus einem Programm, das in PHP oder einer ähnlichen Sprache geschrieben wurde. Meistens gibt es dazu noch eine (SQL-)Datenbank, in der Inhalte wie Texte oder Benutzerdaten gespeichert werden.

Content-Management-Systeme greifen auf die Datenbank zu. Der Interpreter (das ist das Programm, das den Code einer Webseite für die Darstellung im Browser interpretiert) fragt die Daten, z.B. Texte eines Webseitenbeitrags, aus der Datenbank ab. Ist er fertig, stellt er den HTML-Code zusammen und gibt dem Webserver das fertige HTML-Dokument zurück. Diese Dateien stellt der Webserver in einem oder mehreren Paketen zusammen, welche er an den Browser sendet. Diese Pakete nennt man Response.

Es braucht nicht viel Fantasie, um zu erkennen, dass dieser Prozess eine gewisse Zeit benötigt. Ist dieser Prozess nicht optimiert, dauert er noch länger. Ein Ziel der Pagespeed-Optimierung ist, den Prozess so stark wie möglich zu verkürzen. Mit dem Server-Cache, den wir in Kapitel 10, *Zwischenspeichern (Cache)*, behandeln werden, sehen Sie, wie wir unter Umständen auf die Interpretation des Programms und auf die Datenbankabfragen verzichten können.

■ 2.3 Übertragung

Die vom Webserver zusammengestellten Pakete müssen über das Internet auf den PC des Besuchers übertragen werden.

Im ersten Paket haben maximal 14 kB Platz. Es ist logisch, dass die Übertragung schneller erledigt werden kann, je weniger Pakete es gibt. Um die Anzahl an Paketen zu reduzieren, gibt es verschiedene Möglichkeiten. Erstens werden wir nur diejenigen Daten zusammenstellen, die wir unbedingt benötigen. Das schnellste Byte ist dasjenige, das nicht übertragen werden muss. Wir werden Daten komprimieren und mithilfe des Browser-Caches dafür sorgen, dass keine Daten mehrfach übertragen werden.

Die Übertragungszeit hängt natürlich auch von der Internetanbindung des Besuchers ab. Die Internetanbindung und der Standort des Servers beeinflussen ebenfalls die Geschwindigkeit, mit der die Pakete an den Besucher übertragen werden. Wie schnell und zuverlässig die Internetanbindung eines Webhosters ist, können Sie auf verschiedenen Bewertungsportalen wie *http://ww.webhostlist.de* nachlesen. Sie können die Anbindung selbst testen, indem Sie die Webseite Ihres Hosting-Anbieters mit *http://www.webpagetest.org* analysieren. Wenn bereits der Webserver, auf dem die eigene Webseite des Anbieters läuft, keine gute Anbindung hat, können Sie davon ausgehen, dass die Kundenserver auch nicht mehr Bandbreite zur Verfügung haben.

■ 2.4 Anzeigen der Seite im Browser (Rendering)

Der Browser hat die Pakete mit dem HTML-Code erhalten. Nun geht der Browser das erhaltene Dokument Zeile für Zeile durch, um die Anzeige zusammenzustellen. Kommen im HTML-Code Verweise auf weitere Dateien, z.B. Bilder, CSS- oder JavaScript-Dateien, vor, muss der Browser zuerst diese Dateien erneut am Webserver anfragen, bevor er zur nächsten Zeile übergehen kann.

Erst wenn der Browser sämtliche Daten erhalten hat, die für die Anzeige des ohne Scrollen sichtbaren Bereichs (Above the fold) nötig sind, beginnt er damit, die entsprechende Webseite darzustellen. Diesen Prozess nennt man Rendering.

Sehen wir uns das an einem Beispiel an:

Der Besucher hat die Webseitenadresse „unserewebseite.com" in den Browser eingegeben. Der Browser sendet eine Anfrage an den Webserver, der mit einem Response-Paket antwortet. Im ersten Paket erhält der Browser den HTML-Code, der wie folgt aussieht:

```
<!DOCTYPE html>
<html>
<head>
<title>Unsere Webseite</title>
<link rel="stylesheet" href="style.css">
</head>
<body>
<p>Das ist meine <span class="hide">schnelle</span> Webseite
</body>
<html>
```

Bis jetzt kann der Server noch nichts anzeigen, der Bildschirm bleibt weiß.

Bild 1.3
Warten auf den Inhalt einer Webseite

Warum? In der fünften Zeile sehen Sie die Anweisung <link rel="stylesheet" href="style.css">. Dies ist ein Link auf eine externe CSS-Datei. Diese Datei enthält die Anweisung, wie der Text formatiert werden soll. Dieser Link veranlasst den Browser, erneut eine Anfrage an den Server zu senden, in der er um genau diese Datei bittet.

Der Browser erhält eine zweite Antwort mit der Datei *style.css*, welche folgenden Inhalt hat:

```
p { font-family: Arial}
.hide {display:none;}
```

Jetzt hat der Browser alles, was er für das Rendering benötigt, und kann die fertig geladene Webseite anzeigen.

Bild 1.4
Webseite wurde vollständig geladen.

Durch dieses „Frage/Antwort-Spiel" zwischen Server und Browser geht sehr viel Zeit verloren, bevor mit dem Anzeigen der Seite (Rendering) überhaupt begonnen werden kann. Den Teil der Daten, die benötigt werden, um mit dem Rendering zu beginnen, nennt man Critical Rendering Path. In Kapitel 9. 9, *Critical Rendering Path* werden wir den Critical Rendering Path noch genauer betrachten.

3 Werkzeuge für die Pagespeed-Optimierung

Um aus unserer Webseite einen Ferrari zu machen, brauchen wir verschiedene Werkzeuge. Die ersten beiden Werkzeuge, die ich Ihnen vorstellen möchte, sind *Google PageSpeed Insights* und *webpagetest.org*. Diese Werkzeuge dienen einerseits der Messung der Geschwindigkeit, andererseits geben sie uns Tipps zur Verbesserung und helfen uns, Fehler zu finden.

■ 3.1 Google PageSpeed Insights

http://developers.google.com/speed/pagespeed/insights/

Das kostenlose Tool PageSpeed Insights aus dem Hause Google bewertet neun Kriterien, die für die Ladezeit einer Webseite relevant sind:

- Critical Rendering Path
- Komprimierung
- Bilder (optimiert)
- Antwortzeit des Servers
- CSS
- JavaScript
- Browser-Caching
- Priorisierung sichtbarer Inhalte
- HTML

Sind alle Kriterien positiv, wird die Webseite mit 100 von 100 Punkten bewertet. Je schwerwiegender die Verzögerung bei einem Punkt ist, desto mehr Abzug gibt es in der Gesamtbewertung. Ich möchte darauf hinweisen, dass es unterschiedliche Bewertungen für Mobil und Desktop gibt.

Google gibt zu allen Kriterien, bei denen ein Fehler gefunden wird, eine Empfehlung, wie wir die Fehler beheben können. Leider ist es selbst für Techniker oft nicht ganz klar, was die Fehlermeldungen bedeuten. Sucht man im Internet nach diesen Fehlermeldungen, findet man in verschiedenen Foren Erklärungen für die Ursachen, aber oft keine brauchbaren Schritt-für-Schritt-Lösungen, um den Fehler zu beheben. Darum werden wir auf die einzelnen Punkte der Bewertung in den folgenden Kapiteln ausführlich zu sprechen kommen.

Oft werde ich gefragt, welcher Wert gut ist. Das Tool zeigt ab 85/100 grün an. Natürlich ist das nicht schlecht und eine Webseite mit 85/100 ist wesentlich schneller als viele Webseiten von großen Unternehmen[1]. Aber würde sich Ferrari mit 85 % zufriedengeben? Ich glaube nicht. Es kann sein, dass auf einer Webseite viele Verbesserungsvorschläge von Google Pagespeed Insights mit vernünftigem wirtschaftlichem Aufwand nicht zu beseitigen ist. Aber das Ziel sollte immer eine Bewertung mit 100/100 sein.

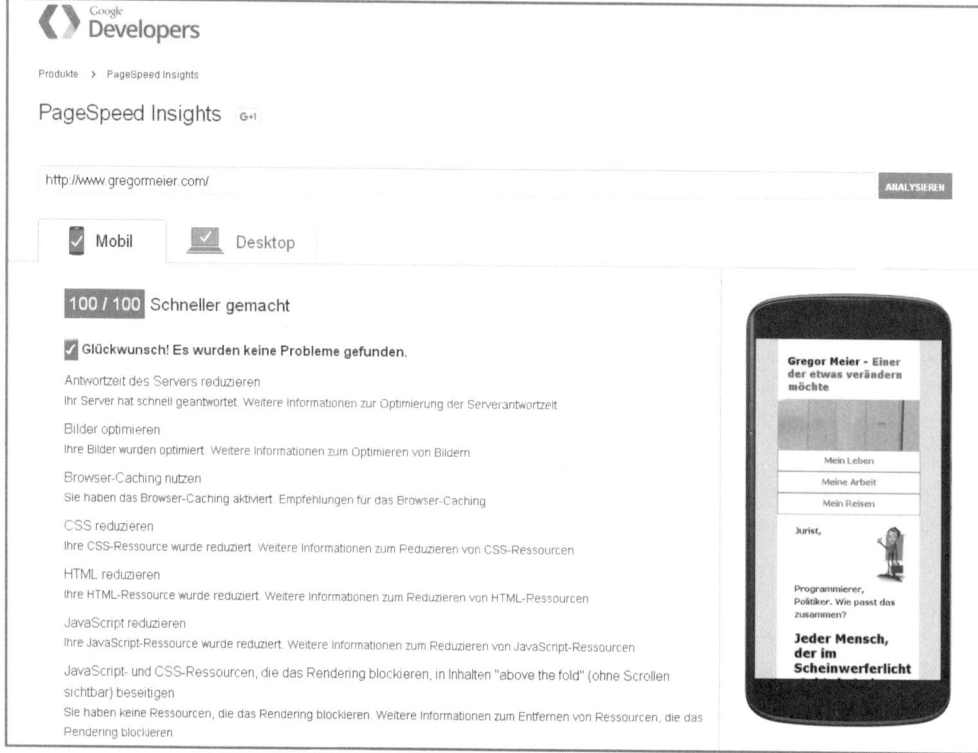

Bild 3.1 Eine Webseite mit einer Google PageSpeed Insights-Bewertung von 100/100

Wenn Sie Ihre Webseite mit PageSpeed Insights analysieren und Handlungsempfehlungen erhalten, finden Sie in diesem Buch die Schritt-für-Schritt-Anleitung, wie Sie diese Handlungsempfehlung umsetzen. Ziel ist die Bewertung Ihrer Webseite mit 100/100.

Das bedeutet nicht, dass Sie die anderen Kapitel ganz aus den Augen lassen sollten. Nur weil Google PageSpeed Insights zu einem Kriterium keine Handlungsempfehlung abgibt, bedeutet das nicht, dass Sie in diesem Punkt nicht doch noch etwas mehr Speed herausholen können.

---

[1] Mario Träger, Schnell, Schneller, Ausreichend, Website Boosting, Ausgabe 34, Hotspot Verlag, 2015, Seite 53–62

PageSpeed Insights hat einen Nachteil. Es bewertet eine Webseite nur anhand der erwähnten Merkmale. Sind diese erfüllt, kann eine Webseite eine Bewertung von 100/100 bekommen, selbst wenn sie mehrere Sekunden benötigt, um geladen zu werden.

Darum ist es wichtig zu analysieren, wie lange die tatsächliche Ladezeit einer Webseite und jedes einzelnen Elements ist. Dazu können wir *http://www.webpagetest.org* nutzen.

■ 3.2 WebPageTest

http://www.webpagetest.org

Das ebenfalls kostenlose Tool *WebPageTest* misst die effektive Ladezeit einer Webseite. Die Grafik, die wir als Ergebnis erhalten, zeigt sehr detailliert, welche Datei wann geladen wird und wie lange dies dauert.

Jede Zeile, die im Diagramm angezeigt wird, steht für eine einzelne Datei, die vom Webserver an den Browser gesendet wird. Das kann beispielsweise eine HTML-Datei, eine CSS-Datei oder ein Bild sein.

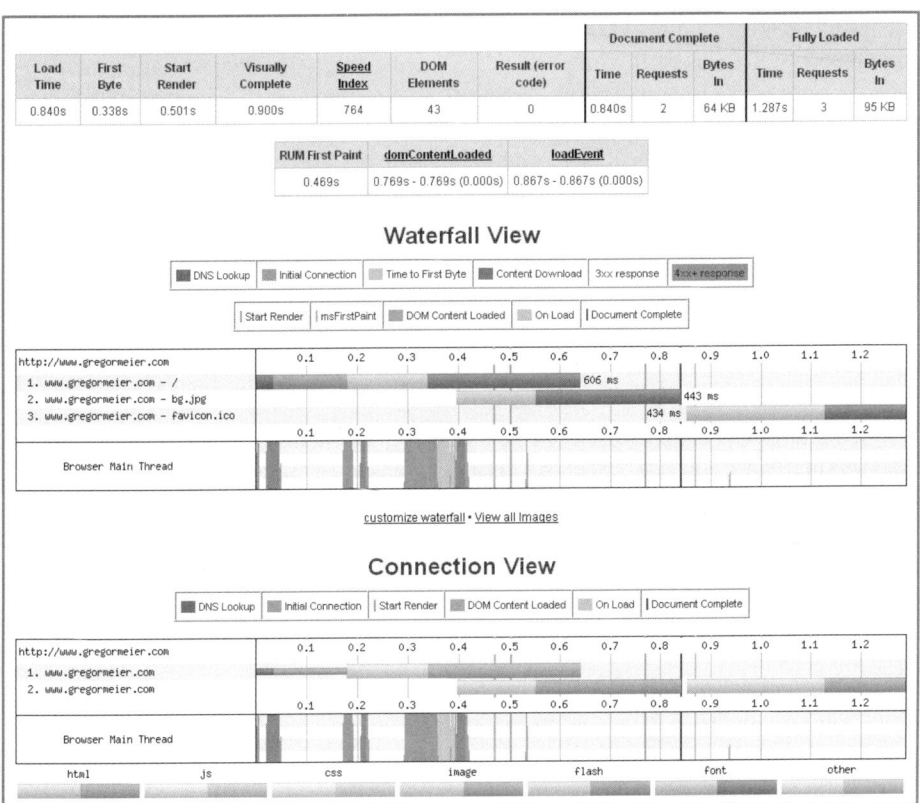

Bild 3.2 Analyse der effektiven Ladezeit einer Webseite mit *webpagetest.org*

Das Analyseergebnis wird Ihnen in zwei verschiedenen Ansichten präsentiert, in der *Waterfall View* und *Connection View*. Beide Ansichten helfen uns herauszufinden, wodurch das Laden einer Webseite verzögert wird.

Waterfall View

Im Waterfall View sehen Sie für jede Datei, die vom Server an den Webbrowser gesendet wird, einen Balken mit mehreren Segmenten. Die Länge des Balkens indiziert, wie lange das Herunterladen dieser Datei dauert. So erkennen wir, wenn Bilder oder CSS-Dateien zu groß sind oder das Laden der Webseite sich aus anderen Gründen verzögert.

Jeder Balken besteht aus bis zu vier Farbsegmenten. Der erste Bereich (auf der Webseite türkisfarben) stellt die Abfrage beim DNS-Server dar. Der Browser muss beim Nameserver die IP-Adresse des Webservers in Erfahrung bringen. Erst dann kann er an diese IP-Adresse die Anfrage (Request) senden.

Danach wird die Verbindung zum eigentlichen Webserver aufgebaut. Wie lange das dauert, sehen Sie im zweiten Segment, „Initial Connection", auf der Webseite orange dargestellt.

Im dritten, auf der Webseite violett dargestellten Bereich findet der SSL-Handshake (das ist der Prozess zur Herstellung der Verschlüsselung) statt. Das betrifft natürlich nur Webseiten mit HTTPS-Verschlüsselung. Bei unverschlüsselten Dokumenten fehlt dieses Segment in der Analyse.

Der grüne Bereich zeigt, wie lange es dauert, bis das erste Byte der Antwort (Response) angekommen ist. Aus der Länge dieses Bereichs können wir schließen, wie lange der Server benötigt, um die für die Antwort erforderlichen Pakete zusammenzustellen. Gründe für eine langsame Response können eine große Datenmenge oder eine schlechte Serverperformance sein. Meistens liegt es jedoch an der Programmierung der Seite. Mit dem Server-Cache, den wir noch genauer kennenlernen werden, können wir diesen Wert deutlich verbessern.

Im letzten, blauen Bereich sehen Sie die Download-Zeit der jeweiligen Datei. Ist dieser Balken sehr lang, dann ist die Datei entweder sehr groß oder die Internetanbindung des Webservers sehr langsam.

Wird eine ganze Zeile in der Analyse gelb hinterlegt, bedeutet das, dass das Dokument einen HTTP-Statuscode im Bereich von 300 hat. Das kann beispielsweise eine permanente 301- oder temporäre 302-Weiterleitung sein.

Bei rot hinterlegten Zeilen wurde ein Fehler mit einem Statuscode im Bereich von 400 (Client-Fehler) oder 500 (Server Fehler) gemeldet. Dies kann vorkommen, wenn eine eingebundene Datei, z. B. ein Bild, nicht auf dem Server gefunden wurde (Statuscode 404). Derartige Fehler sollten unbedingt behoben werden.

Die Ziele, die wir bei der Pagespeed-Optimierung verfolgen sollten, um eine möglichst schnelle Webseite zu erhalten, sind:

- Die Balken sollten so kurz wie möglich sein.
- Es sollte so wenige Zeilen wie möglich geben.
- Die „Time to first Byte"-Balken sind so kurz wie möglich.
- Der Content Download sollte so kurz wie möglich sein.

Connection View

Ein moderner Browser kann mehrere Verbindungen gleichzeitig nutzen und so mehrere Dateien parallel herunterladen. Aber ein Browser kann auch nicht unbeschränkt Dateien zur selben Zeit herunterladen. In der Connection View sehen Sie, wie viele Verbindungen beim Laden Ihrer Seite benötigt werden. Je nach Browser, den Sie vor der Analyse ausgewählt haben, sind dies unterschiedlich viele Verbindungen. Auch hier sollte das Ziel sein, das möglichst wenige Linien, d. h. Verbindungen angezeigt werden.

■ 3.3 Test der Internetanbindung eines Webservers

Die Internetanbindung des Webservers können Sie mit Ping testen. Öffnen Sie dazu eine Kommandozeile (in Windows mit WINDOWS-TASTE + R und geben dann CMD ein). Geben Sie nun Ping ihrewebseite.com ein. Je kürzer die Antwortzeit, desto besser. Normalerweise sollte diese Zeit deutlich unter 45 ms liegen.

```
Microsoft Windows [Version 6.3.9600]
(c) 2013 Microsoft Corporation. Alle Rechte vorbehalten.

C:\Users\gregor>ping gregormeier.com

Ping wird ausgeführt für gregormeier.com [212.224.114.110] mit 32 Bytes Daten:
Antwort von 212.224.114.110: Bytes=32 Zeit=35ms TTL=52
Antwort von 212.224.114.110: Bytes=32 Zeit=38ms TTL=52
Antwort von 212.224.114.110: Bytes=32 Zeit=38ms TTL=52
Antwort von 212.224.114.110: Bytes=32 Zeit=37ms TTL=52

Ping-Statistik für 212.224.114.110:
    Pakete: Gesendet = 4, Empfangen = 4, Verloren = 0
    (0% Verlust),
Ca. Zeitangaben in Millisek.:
    Minimum = 35ms, Maximum = 38ms, Mittelwert = 37ms

C:\Users\gregor>_
```

Bild 3.3 Ping einer Webseite, um die Antwortzeit des Servers zu überprüfen

3.4 Welche Ladezeit ist gut?

Wieder stellt sich die Frage, welcher Wert ein guter ist. Wie eingangs erwähnt, hat Amazon herausgefunden, wie viel Geld jede Sekunde Ladezeit kostet. Ursache dafür ist, dass Besucher nach einer Sekunde Wartezeit rapide den Fokus verlieren. Die Gedanken schweifen ab und manche potenziellen Kunden verlassen bereits die Webseite.

Aus diesem Grund sollte eine „normale" Webseite nicht länger als eine Sekunde laden. In den meisten Fällen ist eine Ladezeit von unter 0,5 Sekunden möglich.

Hinweis:

Sie sollten bei *webpagetest.org* den Serverstandort möglichst nahe bei Ihrem Webserver wählen, damit die Resultate korrekt sind. Befindet sich Ihr Server in Übersee, sollten Sie einmal die Ladezeit vor Ort und mit einem Standort in Europa vergleichen.

3.5 Mit FTP eine Webseite bearbeiten

Die meisten Webseitenbetreiber haben schon einmal mit einem FTP-Client gearbeitet, um Dateien auf einen Webserver zu laden. Wenn Sie bis jetzt noch nie mit FTP gearbeitet haben, empfehle ich Ihnen den kostenlosen FileZilla FTP-Client.Sie können auch jeden anderen FTP-Client verwenden. Um die Verbindung zu Ihrem Webserver aufzubauen, klicken Sie auf DATEI > SERVER MANAGER. Dort können Sie Ihre Zugangsdaten eingeben und die Verbindung herstellen.

Einige Techniken, die Sie in diesem Buch lernen werden, erfordern den Zugriff mit FTP. Insbesondere werden wir öfter die .htaccess-Datei (eine Datei, in der die wesentlichen Einstellungen für die Webseite hinterlegt sind) benötigen, welche sich im Stammverzeichnis (Rootverzeichnis) befindet.

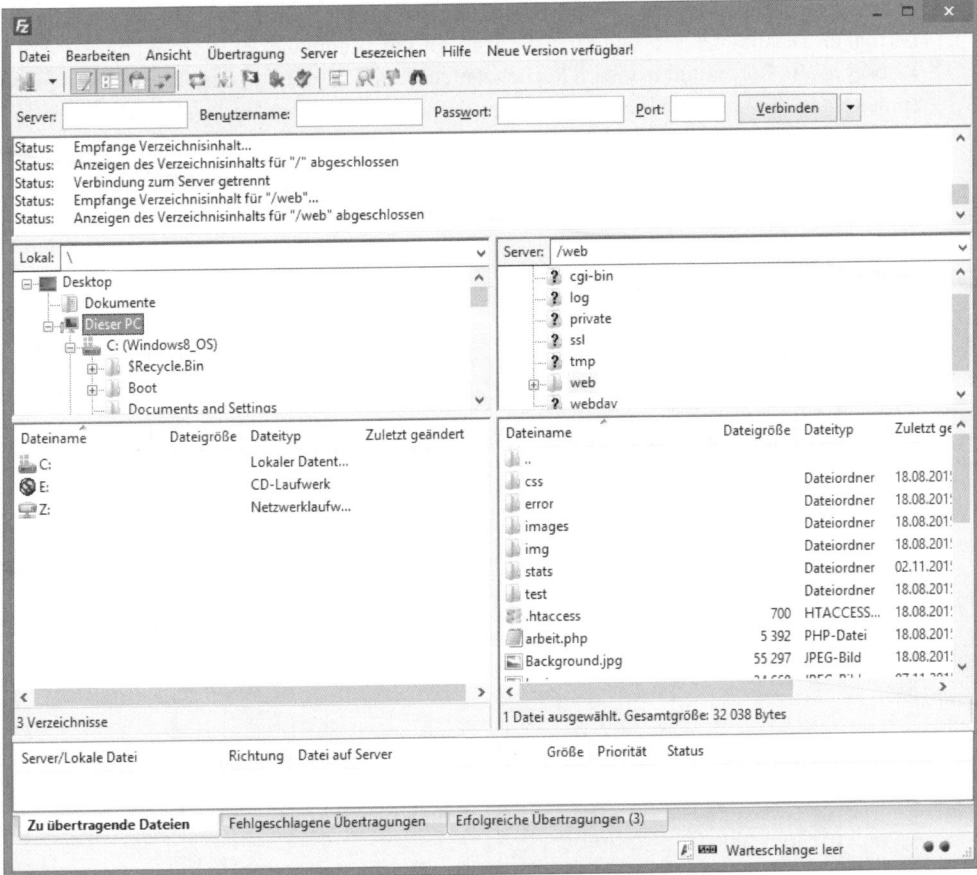

Bild 3.4 FileZilla FTP-Client

■ 3.6 Mit SSH auf einen Webserver zugreifen

Nicht so geläufig wie FTP ist das Arbeiten mit SSH. (Secure Shell) Wollen wir auf einem Server Programme installieren oder Einstellungen ändern können, genügt der Zugriff mittels FTP nicht mehr. Wir benötigen vollen Zugriff auf den Server. Das erreichen wir mit SSH. In der Regel wird dies bei einem Shared-Hosting (Webhosting für mehrere Kunden) nicht möglich sein. Insbesondere können Sie dort keine eigenen Programme installieren. Betreiben Sie Ihre Webseite auf einem V-Server (virtueller Server) oder einem dedizierten Server (ein physikalischer Server nur für einen Kunden), haben Sie die Möglichkeit, mittels SSH auf den Server zuzugreifen und Grundeinstellungen am Server zu ändern sowie eigene Programme zu installieren. Das ist für eine Pagespeed-Optimierung zwar nicht zwingend notwendig, aber nützlich; für manche Techniken, die in diesem Buch beschrieben werden, ist ein Zugang mit SSH erforderlich.

Die meisten Webserver werden mit einem Linux-Betriebssystem ohne grafische Oberfläche betrieben. Darum müssen wir Einstellungen an der Kommandozeile vornehmen. Da der Webserver im Normalfall in einem Rechenzentrum steht, können wir mit SSH aus der Ferne (remote) auf die Kommandozeile zugreifen.

Ein bekannter und kostenloser SSH-Client ist PuTTY. Auf der Webseite des Herausgebers *http://www.chiark.greenend.org.uk/~sgtatham/putty/download.html* können Sie PuTTY für verschiedene Betriebssysteme herunterladen.

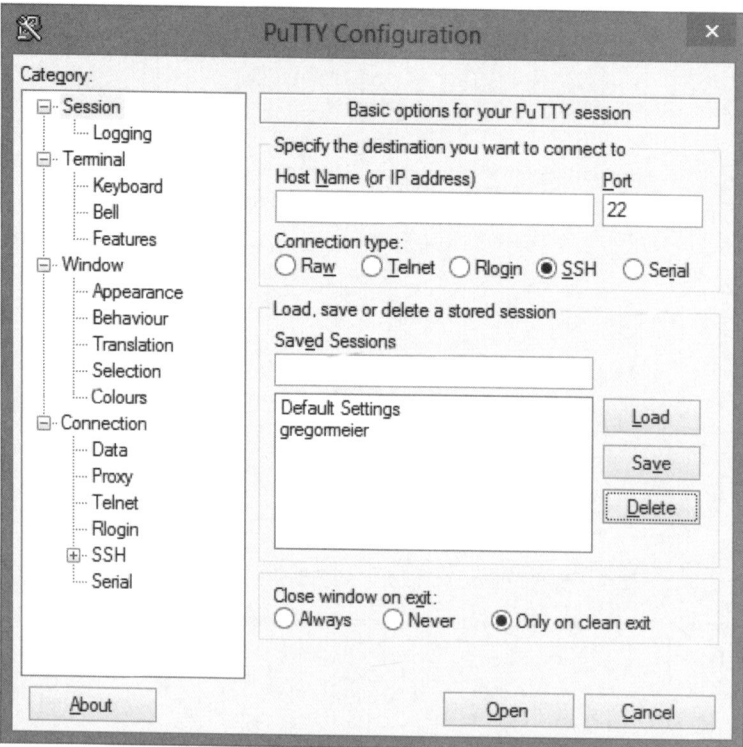

Bild 3.5 PuTTY SSH-Client

Wenn Sie sich über diesen Client mit Ihrem Server verbinden, öffnet sich eine Konsole. Meistens wird es erforderlich sein, sich als root oder Benutzer mit Root-Rechten einzuloggen, da sie als „einfacher" Anwender hier keinen Zugriff haben.

```
login as: root
root's password:
Welcome to Ubuntu 12.04.3 LTS (GNU/Linux 2.6.32-19-pve i686)

 * Documentation:  https://help.ubuntu.com/
Last login: Wed Nov  4 19:04:34 2015 from 194-208-028-211.tele.net
root@vps709:~#
```

Bild 3.6 SSH-Client in der Konsole

Sollten Sie Ihre Webseite auf einem Windows-Server betreiben, müssen Sie nicht mit SSH arbeiten, sondern können mit Windows Remote Desktop auf die grafische Oberfläche zugreifen und die erforderlichen Änderungen so vornehmen.

■ 3.7 Vorbereitung

In den folgenden Kapiteln lernen Sie, welche Faktoren Sie beeinflussen können, um die Geschwindigkeit Ihrer Webseite zu optimieren. Dabei ist es nicht zwingend notwendig, die Kapitelreihenfolge im Buch strikt einzuhalten.

Manche Techniken sollten allerdings doch erst am Schluss genutzt werden, beispielsweise das Server-Caching. Ansonsten wird die Arbeit an der Webseite deutlich schwieriger.

Zur Vorbereitung auf die Pagespeed-Optimierung benötigen Sie nun noch die Zugangsdaten zum Backend Ihrer Webseite und einen FTP-Zugang zu Ihrem Webserver.

 Praxistipp

Ich empfehle Ihnen, vor dem Ändern der Dateien ein Backup der bestehenden Version zu machen. Es ist nicht ausgeschlossen, dass es nach bestimmten Schritten wie dem Reduzieren zu Fehlern in der Darstellung kommt. ■

4 Bilder optimieren

Aufwand:	Schwierigkeitsgrad:	Nutzen:
Gering	Mittel	Hoch

Fotos und Grafiken sind ein wichtiger Teil jeder Webseite. Sie geben der Seite ein Gesicht und machen sie schön. Allerdings benötigen Bilder sehr viel Speicherplatz. Beim Aufruf der Seite muss jedes Bild vom Server an den Besucher gesendet werden. Je größer die Datei, desto länger dauert die Übertragung. Die Dateigröße zu reduzieren ist unkompliziert, schnell und erfordert keine Programmierkenntnisse. Zugleich ist der Nutzen auf den meisten Webseiten relativ hoch.

4.1 Die richtige Bildgröße

Grafikagenturen legen sehr viel Wert auf schöne Bilder. Dagegen ist nichts einzuwenden. In der Praxis führt das oft dazu, dass dem Kunden Fotos und Grafiken in sehr großen Formaten geliefert werden. Leider werden diese Bilder dann manchmal unbearbeitet auf der Webseite eingebaut.

Das ist nicht gut, denn das Bild wird auf der Seite kleiner verwendet, als es eigentlich ist.

Bild 4.1
Dieses Bild wird auf der Webseite kleiner verwendet, als es in Wirklichkeit ist.

Aus Sicht der Ladezeit werden hier viele unnütze Daten übertragen. Wenn wir ein Bild nur genau so groß machen, wie es auf der Webseite benötigt wird, vermeiden wir diese unnötigen Daten und die Webseite wird schneller.

Wenn Sie prüfen wollen, wie groß das Bild ist und wie groß es angezeigt wird, hilft ein Rechtsklick auf das Bild im Firefox. Dann klicken Sie auf GRAFIK-INFO ANZEIGEN. Es öffnet sich ein Fenster:

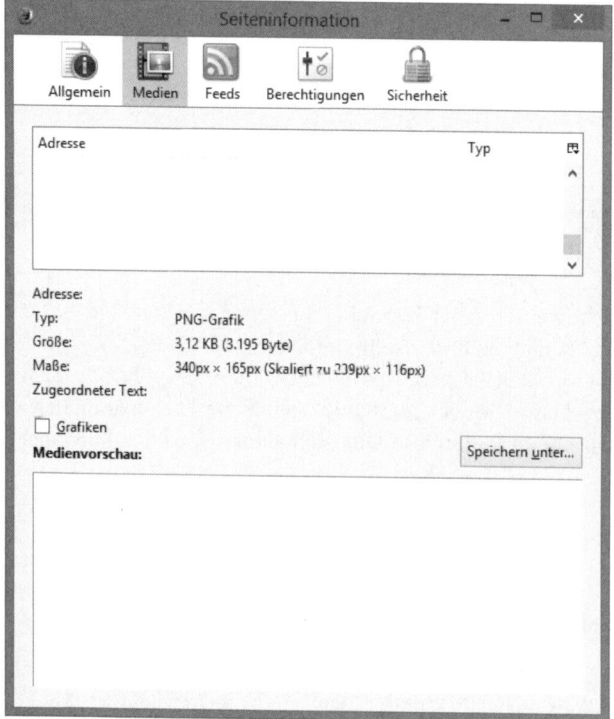

Bild 4.2 Grafik-Info eines falsch skalierten Bildes

Hier sehen Sie, dass ein Bild in einer Größe von 340 × 165 px auf der Webseite eingebunden ist. Verwendet wird es aber nur in der Größe 239 × 116 px. Wird das Bild in der richtigen Größe gespeichert, braucht es viel weniger Speicherplatz. Dadurch wird die Webseite schneller. Darum sollten Sie das Bild genau in der Größe speichern, die es auf der Webseite benötigt.

Um die Bilder in die richtige Form zu bekommen, können wir sie in einem Grafikprogramm wie Photoshop (oder einer kostenlosen Alternative wie Gimp oder Paint.net) öffnen und in der erforderlichen Größe speichern.

Öffnen Sie dazu einfach das Bild. In Photoshop lautet der Befehl zur Änderung der Bildgröße BILD > BILDGRÖSSE. Dann öffnet sich dieses Fenster:

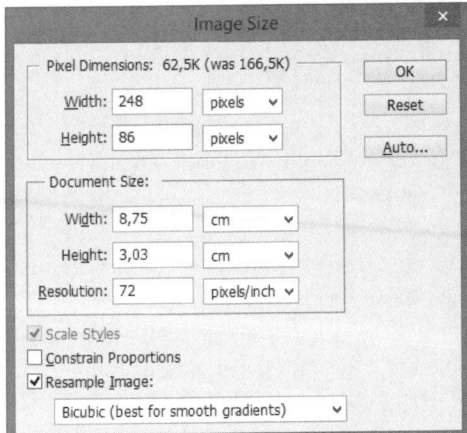

Bild 4.3 Photoshop: Bildgröße ändern

Sie können nun genau jene Größe angeben, die Sie zuvor im Browser als tatsächliche Größe ermittelt haben. Nun können Sie das Bild speichern und mittels FTP oder über das Backend Ihrer Webseite zurück auf den Webserver hochladen.

Wenn wir auf unserer Webseite sehr viele Bilder verwenden, ist dieser Weg nicht sehr effizient. Zum Glück gibt es das kostenlose Online-Tool *http://ww.img-resize.com*, um die Bildgröße zu reduzieren.

 SEO-Tipp

Ein Bild besitzt nicht nur die für den Betrachter sichtbaren Inhalte, sondern enthält auch unsichtbare Bildinformationen. Diese werden im EXIF-Format (Exchangeable Image File Format) hinterlegt. Google und andere Suchmaschinen können so leichter erkennen, was ein Bild zeigt, von wem es erstellt wurde und welche Rechte es an diesem Bild gibt.

Wenn Sie ein Bild ohnehin bearbeiten, werfen Sie doch mal einen Blick in die EXIF-Daten (Dateieigenschaften in Photoshop oder rechte MAUSTASTE > EIGENSCHAFTEN in Windows). Hier können Sie EXIF-Daten zu einem Bild hinterlegen. Besonders für die Google-Bildersuche sind diese Angaben wichtig.

■ 4.2 Unterschiedliche Bildgrößen für unterschiedliche Geräte

Im Grunde gibt es nicht *die* richtige Größe. Responsive Design zwingt uns dazu, verschiedene Bildgrößen vorrätig zu halten. Je nach Bildschirmbreite werden die Elemente auf der Seite anders formatiert.

Nehmen wir an, wir haben auf unserer Webseite eine Header-Grafik, die 1280 px breit ist. Kein Smartphone der Welt hat ein Display mit dieser Größe.

Manche Webentwickler legen die Breite der Header-Grafik mit 100 % fest. Das führt dazu, dass wir auf dem Smartphone eine viel zu große Datei herunterladen müssen. Gerade auf Mobilgeräten ist das nicht optimal, denn die Internetverbindung über das Mobilfunknetz hat eine höhere Latenz (= Verzögerung). Darum wäre es gerade hier wichtig, möglichst wenig Daten zu übertragen.

Bild 4.4 Dasselbe Bild für unterschiedliche Geräte zu verwenden, ist nicht optimal.

Verwenden wir in der Responsive-Version eine kleinere Version des Bildes, sagen wir mit einer Breite von 300 oder 400 px, stellt sich die Frage, wie wir bewerkstelligen, dass das passende Bild geladen wird.

Um dieses Problem zu lösen, müssten wir ein Skript programmieren, welches die Breite des Geräts, das unsere Webseite anzeigen möchte, erkennt. Das ist zwar nicht sehr schwer, aber zeitaufwendig.

Zum Glück hat das schon jemand für uns getan und stellt es kostenlos zur Verfügung. Auf der Seite *http://ww.adaptive-images.com* finden Sie ein kleines Skript, das aus einem PHP- und einem JavaScript-Teil besteht. Es erkennt die Bildschirmgröße des Besuchers Ihrer Webseite und sorgt dafür, dass die Bilder in der passenden Größe ausgeliefert werden.

Das Skript ist einfach einzubauen. Sie müssen die Datei *adaptive-images.php* herunterladen und in das Stammverzeichnis Ihrer Webseite speichern.

In der .htaccess-Datei fügen Sie folgende Zeilen hinzu:

Listing 4.1 Adaptive Images in der .htaccess-Datei hinzufügen

```
<IfModule mod_rewrite.c>
RewriteEngine On
RewriteBase /
RewriteCond %{REQUEST_URI} !wp-content/plugins
RewriteCond %{REQUEST_URI} !wp-includes
RewriteCond %{REQUEST_URI} !wp-admin
RewriteRule .(?:jpe?g|gif|png)$ adaptive-images.php
RewriteBase /ihre-seite/
RewriteRule ^index\.php$ - [L]
RewriteCond %{REQUEST_FILENAME} !-f
RewriteCond %{REQUEST_FILENAME} !-d
RewriteRule . /ihre-seite/index.php [L]
</IfModule>
```

Dieses Code-Beispiel wurde für Wordpress angepasst. Anstelle von „ihre-seite" müssen Sie noch den Namen des Hauptverzeichnis, in dem sich Ihre Seite befindet, einfügen.

Damit bei jedem Aufruf der Seite das passende Bild geladen werden kann, müssen Sie noch dafür sorgen, dass auf allen Seiten folgendes JavaScript geladen wird.

Listing 4.2 JavaScript für Adaptive Images

```
<script>
document.cookie='resolution='+Math.max(screen.width,screen.height)+("devicePixelRatio"
in window ? ","+devicePixelRatio : ",1")+'; path=/';
</script>
```

Wenn Sie ein modernes CMS verwenden, gibt es vermutlich eine Header-Datei. Sie können dieses Skript einfach in dieser Datei zwischen <head> und </head> einfügen. In Wordpress finden Sie diese Datei unter DESIGN > EDITOR > HEADER.PHP.

Je nach Bildschirmauflösung der Webseitenbesucher wird eine skalierte Kopie des Bildes erzeugt und diese ausgeliefert

Viele Wordpress-Themes bieten dieses Feature bereits von Haus aus an. Dabei wird das Bild beim Hochladen verkleinert und in mehreren Versionen gespeichert. Diese Bilder sind aber nicht immer optimal. Manchmal können sie noch komprimiert werden (siehe Kapitel 4.5, *Bilder komprimieren*). Dazu muss man die verkleinerten Versionen mittels FTP vom Server holen, mit tinypng.com komprimieren und anschließend wieder auf den Server laden.

Sollte das Theme, welches Sie verwenden, diese Funktion nicht unterstützen und sollten Sie ein großes Bild auf Ihrer Seite haben, können Sie mit den Plug-ins Post Script Responsive Images[1] und Adaptive Images for WordPress dasselbe Ergebnis erzielen.

---

[1] *https://de.wordpress.org/plugins/post-script-responsive-images/*

■ 4.3 Welches Bildformat ist das schnellste?

JPG, PNG oder GIF – was ist besser? Unter Experten wird diese Frage kontrovers diskutiert. Auf einer mit Pagespeed optimierten Webseite ist JPG der Vorzug zu geben. PNG hat gegenüber JPG den Vorteil, dass gewisse Bereiche transparent dargestellt werden können. Meiner Meinung nach sollten Sie PNG-Bilder nur einsetzen, wenn Sie Transparenz wirklich benötigen.

Obwohl GIF-Bilder nur 256 Farben darstellen können, werden sie nach wie vor gerne eingesetzt. Sie können ebenfalls transparent sein und kleine Animationen darstellen. GIF-Dateien sollten Sie heute nur mehr einsetzen, wenn Sie unbedingt Animation darstellen wollen, da dies mit JPG und PNG nicht möglich ist. In allen anderen Fällen sollte auf den Einsatz von GIF verzichtet werden.

■ 4.4 WebP: das richtige Dateiformat

WebP ist ein von Google entwickeltes Bildformat. Es kann JPG, PNG und GIF abbilden. Dabei ist die Dateigröße um bis zu 65 % geringer. Derzeit wird das WebP-Format nur von Chrome und Opera unterstützt. Mozilla ist der Meinung, dass das Format noch nicht ausgereift ist. Daher unterstützt Firefox WebP-Bilder bislang nicht. Kommt auf einer Seite ein WebP-Bild vor, wird in Firefox einfach nichts angezeigt. Zu diesem Thema sehen wir uns gleich Fallback-Lösungen an.

4.4.1 Wie kann man WebP-Bilder erstellen?

Viele Grafikprogramme unterstützen WebP ebenfalls noch nicht. Darum brauchen wir einen Konverter. Bei einzelnen, wenigen Bildern empfehlen sich Online-Konverter wie *http://image.online-convert.com/convert-to-webp* oder *http://webp-converter.com*. Sie können bestehende JPG-, PNG- oder GIF-Bilder hochladen und bekommen ein entsprechendes WebP zum Herunterladen.

Wenn Sie viele Bilder auf einmal umwandeln möchten, sind diese Online-Konverter nicht mehr so praktisch. Dann empfehle ich den offiziellen Konverter. Auf der Entwicklerseite (*https://developers.google.com/speed/webp/*) kann man diesen Konverter für Windows, Linux und Mac herunterladen. Allerdings ist dieser nicht sehr benutzerfreundlich, da er über die Kommandozeile bedient wird.

Zuerst müssen Sie die Version für Ihr Betriebssystem herunterladen. Entsprechende Download-Links finden Sie unter: *http://downloads.webmproject.org/releases/webp/index.html*

Wenn Sie Microsoft Windows verwenden, starten Sie mit WINDOWS-TASTE + R und Eingabe von CMD die Kommandozeile, um in das Verzeichnis */bin* zu wechseln. Allerdings müssen Sie dann alle Dateien, die Sie bearbeiten wollen, in dieses Verzeichnis kopieren. Das ist etwas mühsam. Sie können das Programm zu den Systemvariablen hinzufügen, dann können Sie cwebp in jedem Ordner ausführen.

Wie Sie vorgehen müssen, um cwebp zu verwenden, zeige ich am Beispiel eines Windows-PC:

- Öffnen Sie die SYSTEMSTEUERUNG. Dann gehen Sie über SYSTEM > ERWEITERTE SYSTEMEINSTELLUNGEN > ERWEITERT > UMGEBUNGSVARIABLEN.

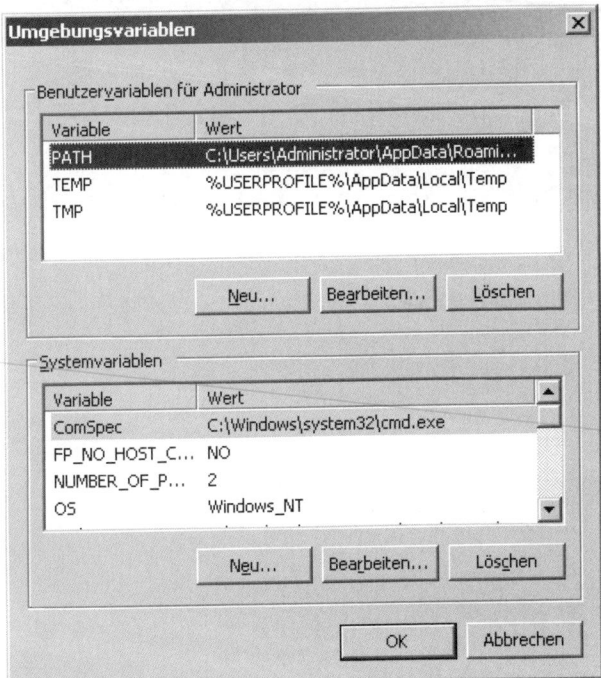

Bild 4.5 Windows-Systemvariablen

- Bei Systemvariablen doppelklicken Sie auf PATH

Am Ende der bereits vorhandenen Verzeichnisse steht ein ; und gleich danach fügen Sie dann den Pfad an, in welchem Sie *libwebp* heruntergeladen haben.

Anschließend ist ein Neustart erforderlich.

Nun öffnen Sie wieder die Kommandozeile und konvertieren ein einzelnes Bild mit folgendem Befehl:

```
cwebp 80 bild.jpg -o bild.webp
```

Wenn Sie alles richtig gemacht haben, sieht das Ergebnis so aus:

Bild 4.6 cwebp wurde erfolgreich ausgeführt.

Um mehrere Dateien in einem Ordner auf einmal zu konvertieren, geben Sie folgenden Befehl ein:

```
for /R . %I in (*.JPG) do ( cwebp.exe %I -q 40 -o %~nfI.webp )
```

Nun können Sie diese Bilddateien genau wie JPG oder PNG in Ihrem HTML-Code verwenden:

```
<img src="bild.webp" alt="bild">
```

Firefox und manche anderen Browser zeigen dieses Bild wie erwähnt nicht an. Darum sollten Sie unbedingt ein Fallback für diese Browser einbauen, um alternativ ein JPG-Bild anzeigen zu lassen. Dafür gibt es mehrere Möglichkeiten.

4.4.2 Fallback im CSS

Mit einer CSS-Definition können Sie ein Hintergrundbild für ein Element festlegen. Dieses Vorgehen funktioniert allerdings nur bei modernen Browsern. Diese Definition lautet:

```
#background-image: image("ihrbild.webp" format('webp'), "ihrbild.jpg");
```

Jeder Browser weiß, ob er mit WebP etwas anfangen kann oder nicht. Ist das nicht der Fall, wird das Fallback „ihrbild.jpg" geladen. Nun müssen Sie noch ein entsprechendes Element in Ihrer Webseite einfügen. Dies sieht so aus:

```
<div id="background-image"></div>
```

4.4.3 Fallback in HTML 5

Zugegeben, der erste Vorschlag war nicht sehr elegant. Dafür funktioniert er in jedem Browser. Moderne Browser unterstützen HTML 5 und können mit folgendem Fallback umgehen:

Listing 4.3 HTML 5: Fallback

```
<picture>
<source src=ihrbild.webp type=image/webp>
<source src=ihrbild.jpg type=image/jpg>
<img src=foo.png alt="Hier ALT-Text eingeben">
</picture>
```

4.4.4 Per .htacces unterschiedliches Bild ausliefern

Eine andere Methode, um WebP ausfallsicher einzubinden, ist, eine Regel in der .htaccess-Datei anzulegen. Damit können Sie erreichen, dass in einem kompatiblen Browser das WebP-Bild ausgegeben wird. In anderen Browsern wird das Fallback-Bild ausgeliefert.

Listing 4.4 .htaccess Fallback

```
<IfModule mod_rewrite.c>
    RewriteEngine On
    RewriteCond %{HTTP_ACCEPT} image/webp
    RewriteCond %{DOCUMENT_ROOT}/$1.webp -f
    RewriteRule ^(path/to/your/images.+)\.(jpe?g|png)$ $1.webp
    [T=image/webp,E=accept:1]
</IfModule>
<IfModule mod_headers.c>
    Header append Vary Accept env=REDIRECT_accept
</IfModule>
AddType image/webp .webp
```

Sie können nun das Bild als JPG oder PNG wie gewohnt mit <img> einbinden bzw. lassen, wie es ist. Sie müssen lediglich ein WebP-Bild mit demselben Namen in dasselbe Verzeichnis legen.

▪ 4.5 Bilder komprimieren

Wenn wir das Bild in der richtigen Größe vorliegen haben, ist schon ein wichtiger Schritt zur Bildoptimierung geschafft. Nun können wir das Bild noch komprimieren und es so noch weiter verkleinern.

Durch eine geringe Angleichung der nebeneinanderliegenden Pixel wird Speicherplatz gespart. Für das menschliche Auge ist das nicht erkennbar. Lediglich wenn man das Bild in erheblicher Vergrößerung betrachtet, wäre der Unterschied bemerkbar.

Bild 4.7 Original JPG: 1023 kB

Bild 4.8 TinyPNG:198 kB

Die kostenlosen Tools *http://www.tinypng.com* und *http://www.jpegmini.com* helfen uns dabei, unsere Bilder verlustfrei zu komprimieren.

Bild 4.9 Adobe Photoshop Save for Web: 273 kB

Bild 4.10 Photoshop Save for Web und TinyPNG: 198 kB

TinyPNG ist in der Regel besser als jpegmini. Allerdings bietet jpegmini eine Desktop-App, mit der wir schneller und effizienter arbeiten können, wenn wir sehr viele Dateien auf einmal verkleinern wollen.

Die Funktion „Save for Web" von Photoshop würde ich nicht verwenden, da das das Bild immer noch grösser ist als, wenn Sie es mit TinyPNG komprimieren. Wenn ein mit „Save for Web" gespeichertes Bild zusätzlich mit TinyPNG komprimiert wird, hat es die gleiche Größe, aber die Bildqualität ist schlechter.

www.tinypng.com

Für einzelne Bilder ist TinyPNG ideal. Sie können einfach ein oder mehrere Bilder direkt in den Browser ziehen. Das Tool komprimiert die einzelnen Bilder und zeigt sofort an, wie viel kB eingespart wurden.

Wordpress-Nutzer können tinypng.com über das Plug-in Compress JPEG & PNG images[2] nutzen. Das Plug-in kann sowohl neue Bilder beim Hochladen automatisch komprimieren und auch bestehende Bilder in der Medienbibliothek auf einmal bearbeiten.

Für das Plug-in ist eine Anmeldung erforderlich. Leider gibt es in der kostenlosen Version ein Limit von 100 Bildern pro Monat. Darüber hinaus fällt pro zusätzlichem Bild eine Gebühr von $ 0,009 an. Ab 10 000 Bildern pro Monat gibt es einen Mengenrabatt.

www.jpegmini.com

Die Online-Version von jpegmini.com funktioniert sehr ähnlich wie TinyPNG. Sie ziehen einfach das Bild in den Browser und können die komprimierte Datei herunterladen. Wer mehr Bilder auf einmal bearbeiten möchte, kann die Desktop-Software für Windows oder Mac herunterladen. Die kostenlose Version ermöglicht das Komprimieren von bis zu 20 Bildern pro Tag.

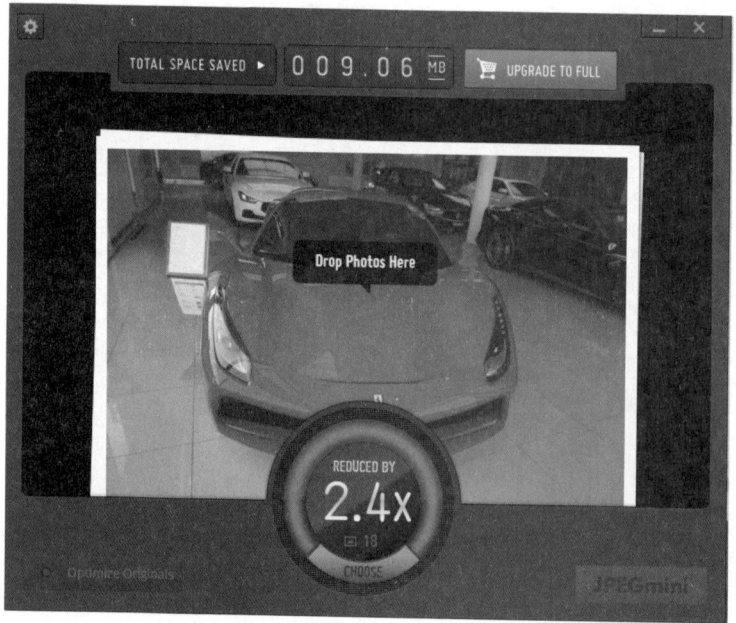

Bild 4.11 jpegmini Desktop-App

---

[2] *https://wordpress.org/plugins/tiny-compress-images/*

Wer mehr Bilder zu bearbeiten hat, der bekommt für $ 19,99 eine Version ohne diese Limitierung. Für professionelle Anwender gibt es eine Pro-Version für $ 149, bei der mit größeren Bildern gearbeitet werden kann. Zudem verfügt die Pro-Version über ein Plug-in für Adobe Lightroom.

Jpegmini überschreibt Bilder

Die Dateien werden vom Programm direkt überschrieben. Das hat den Vorteil, dass sie nicht mehr umbenannt und verschoben werden müssen. Sie sollten aber immer eine Sicherheitskopie Ihrer Bilder haben.

Wie kommt man an die Bilder auf der Webseite?

Wenn Sie auf Ihrer bestehenden Webseite Ihre Bilder komprimieren wollen, können Sie diese am einfachsten mithilfe eines FTP-Clients herunterladen. In Wordpress finden Sie die Bilder im Verzeichnis */wp-content/uploads*.

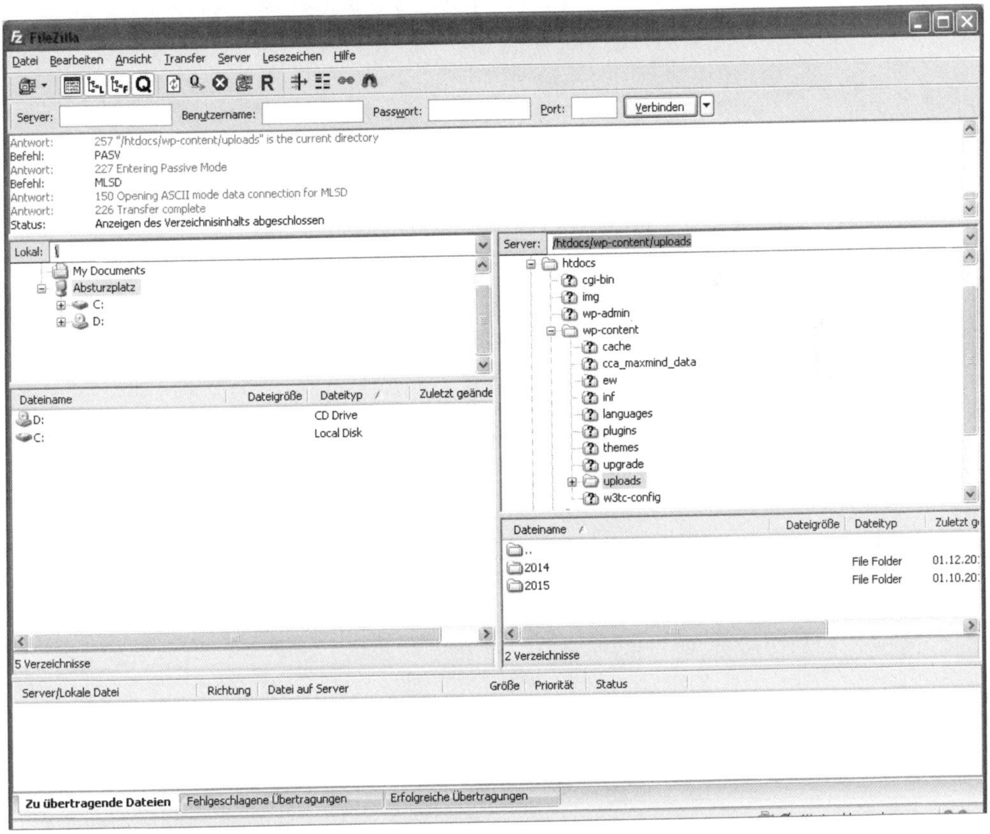

Bild 4.12 FileZilla FTP-Client

Nachdem Sie alle Ihre Bilder heruntergeladen haben, können Sie diese mit einem der vorher erwähnten Tools komprimieren.

Extrem-Tipp: Bilder in Basecode per Data-URL einbinden

Bilder, die auf einer Webseite angezeigt werden sollen, müssen eigens abgerufen werden. Jeder dieser Abrufe dauert eine gewisse Zeit. Wäre es nicht schön, ohne diese zusätzliche Kommunikation auszukommen? Das ist theoretisch möglich. Jedes Bild besteht letztendlich aus Code. Wenn wir die Bilder per Data-URL als Basecode direkt in HTML oder CSS einbinden, kann ein Browser dieses Bild direkt rendern – also anzeigen –, ohne es zuerst vom Webserver abzurufen.

Mit diesen beiden Tools können Sie JPG-Bilder in Basecode verwandeln und diesen dann auf der Webseite einbinden:

http://www.B64.io

http://www.base64-image.de

Diese Methode sollten Sie nur bei relativ kleinen Bildern verwenden, da anderenfalls das ganze http-Paket sehr groß wird. Außerdem werden diese Bilder nicht gecached.

■ 4.6 Bildgrößen angeben

Eine schnelle Webseite gibt die Größe und die Breite eines Bildes in absoluten Werten an. Wird ein Bild ohne die Größenangaben (Width und Height) verwendet, führt dies beim Rendern zu einer Verzögerung. Der Browser stellt fest, dass an einer bestimmten Stelle auf der Webseite ein Bild platziert werden soll. Er weiß aber nicht, wie hoch und wie breit dieses Bild ist. Daher muss er zuerst das Bild herunterladen, um mit dem Rendern zu beginnen.

Haben wir bei dem Bild eine absolute Größenangabe gemacht, weiß der Browser sofort, welchen Platz er für das Bild reservieren muss. Text und andere Elemente, die sich rund um das Bild befinden, können dann bereits gerendert werden, selbst wenn das Bild noch nicht fertig heruntergeladen wurde.

Ob Sie die Bildgröße übrigens in CSS `<img style="width:100px">` oder im HTML `<img width="100">` angeben, spielt für die Ladezeit keine Rolle.

■ 4.7 CSS statt einem Bild

Wenn man ein Bild in einem bestimmten Abstand zu einem anderen Element oder zum Text haben möchte, könnte man versucht sein das Bild einfach entsprechend zu vergrößern und den Abstand mit einem weißen Bereich auf dem Bild erzeugen. Das ist nicht ideal, denn die weißen Flächen machen das Bild größer, als es eigentlich sein müsste. Dadurch müssen wir wieder Daten herunterladen, die eigentlich nicht notwendig sind.

Besser ist es, Abstände oder andere Gestaltungen mit CSS zu lösen anstatt direkt im Bild selbst. Ein Beispiel:

Bild 4.13
Bild mit weißem Rand

Bild 4.14
Abstand zum Bild mit CSS

Die CSS-Anweisung `margin` legt einen Abstand rund um ein Element fest. Wollen Sie diesen Abstand nur auf einer Seite, können Sie dies mit `margin-left`, `margin-right`, `margin-bottom` oder `margin-top` festlegen.

Das ist aber noch nicht alles. Mit CSS können Sie problemlos Formen wie Rechtecke, Kreise, Ovale oder Linien zeichnen. Ein Engländer hat sogar das U-Bahn-Netz von London nur in CSS umgesetzt[3]. Natürlich müssen Sie diese Idee vielleicht nicht so extrem realisieren. Dennoch sollten Sie sich bei einfachen Grafiken gelegentlich fragen, ob Sie den gewünschten Effekt nicht mit CSS umsetzen können.

---

[3] *http://www.csstubemap.co.uk*

■ 4.8 Image-Map

Ein weiterer Ansatz, um die Anzahl an Anfragen an den Webserver zu reduzieren, ist die Verwendung von Image-Maps. Damit werden sämtliche Bilder, die auf einer Webseite verwendet werden, zu einem einzelnen, großen Bild zusammengefasst. Dort, wo das Bild angezeigt werden soll, wird mittels der Image-Map nur jener Bereich angezeigt, in dem sich das jeweilige Bild befindet. Erzeugt werden kann eine Image-Map beispielsweise mit dem kostenlosen Tool *http://ww.image-maps.com.*

Betrachtet man dieses Konzept rein aus Sicht der Ladezeit, dann bringt es tatsächlich einen Mehrwert. Global betrachtet hat es allerdings manchen Nachteil. Image-Maps sind in der Regel nicht mit einem Suchbegriff verknüpft und werden im Vergleich mit einzelnen Bildern wesentlich schlechter in der Google-Bildersuche gefunden. Allgemein sind Image-Maps aus SEO-Sicht eher nicht zu empfehlen.

Sie können Image-Maps auch nur für einen Teil Ihrer Bilder verwenden, beispielsweise für Icons oder Symbole, die ohnehin nicht für die Google-Bildersuche optimiert werden sollen.

■ 4.9 Seiten mit sehr vielen und sehr großen Bildern

Shared Hostings und V-Server im unteren und mittleren Preissegment sind für private Webprojekte, Blogs und Webseiten kleiner und mittelständischer Unternehmen ausgelegt. Viele, insbesondere hochauflösende Fotos, verursachen sehr viel Last auf einem Webserver. Darum kann es sein, dass ein Fotoblog einen Webserver sehr schnell in die Knie zwingt.

Nun müssen Sie sich deswegen nicht gleich einen eigenen Server anschaffen. Ein wesentlich einfacherer Weg ist, die Bilder oder Videos auf einem externen Server zu hosten und auf Ihrer Webseite einzubinden. Der durchschnittliche Webseitenbesucher wird dies nicht merken. Er merkt nur, dass Ihre Seite sehr schnell ist.

Bilder können in externen Servern geladen werden. In diesem Fall empfehlen sich die Techniken Prefetch und Prerender. Denen widmen wir uns im Kapitel 9.

■ 4.10 Bilder verzögert laden

Um eines vorwegzunehmen: Hier geht es nicht um *Lazy Loading.* Lazy Loading bedeutet, dass der Browser ein Bild erst dann lädt, wenn es benötigt wird. In der Regel ist das der Fall, wenn der Benutzer an die Stelle scrollt, an der sich das Bild befindet. Das hat den großen Nachteil, dass der Besucher ständig sieht, dass etwas auf der Seite geladen werden muss.

Für Besucher ist es, wenn auch nur unterbewusst, unangenehm, wenn sie feststellen, dass auf einer Webseite ständig etwas nachgeladen werden muss.

Wenn wir kein Lazy Loading einsetzen, lädt der Browser das Bild, sobald es im Quellcode vorkommt. Es gibt einen Weg, um ihn ohne Lazy Loading auszutricksen. Wir müssen dazu ein Platzhalterbild an all jenen Stellen bringen, an denen später das Bild angezeigt werden soll. Das geschieht mit folgendem HTML-Code:

```
<img src="platzhalter.jpg" data-src="echtes-bild.jpg" >
```

Oder ein Bild in Bit-Code

```
<img src="data:image/png;base64,R01GOD1hAQABAAD/ACwAAAAAQABAAAACADs=" data-src="echtes-bild.jpg">
```

Wenn die Seite geladen wird, wird der Browser zuerst das Platzhalterbild anzeigen. Mit Lazy Loading wird beim Scrollen ein JavaScript ausgelöst, das die erforderlichen Bilder nachträglich lädt.

Es geht aber besser. Nachdem eine Seite fertig geladen ist, haben wir genügend Zeit, um alle erforderlichen Bilder zu laden. Wir brauchen dafür nicht extra das Scrollen als Auslöser. Mit diesem kleinen JavaScript, das Sie am Ende der Seite vor dem </body>-Tag platzieren, können Sie automatisch nach dem Anzeigen einer Webseite die versteckten Bilder im Hintergrund nachladen.

Listing 4.5 JavaScript, um Bilder verzögert zu laden

```
<script>
function init() {
var imgDefer = document.getElementsByTagName('img');
for (var i=0; i<imgDefer.length; i++) {
if(imgDefer[i].getAttribute('data-src')) {
imgDefer[i].setAttribute('src',imgDefer[i].getAttribute('data-src'));
} } }
window.onload = init;
</script>
```

■ 4.11 Favicon optimieren

Ein *Favicon* ist das kleine Logo, das wir auf dem Tab unseres Browser sehen, wenn wir eine Webseite aufrufen.

Auf jeder Webseite sollte ein Favicon verwendet werden. Nicht unbedingt, weil es so schön aussieht, sondern weil Browser versuchen, es zu laden. Mit jedem Aufruf einer Webseite versucht der Browser, auf die Datei *favicon.ico* zuzugreifen.

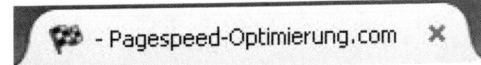

Haben Sie Ihr Favicon im Root-Verzeichnis Ihrer Webseite als *favicon.ico* gespeichert, ist es nicht mehr notwendig, das Favicon aus dem Quelltext der Seite zu verlinken.

Auch wenn moderne Browser heute andere Formate als ICO mit mehr Farbtiefe unterstützen, würde ich dazu raten, bei ICO zu bleiben. Die Größe sollte 16×16 px nicht übersteigen und die Dateigröße sollte kleiner als 1 kB sein.

■ 4.12 Unicode statt Grafiken

Symbole helfen uns, Worte zu visualisieren. Menschen erfassen Icons schneller als Text. Darum wollen wir auf unserer Website Symbole verwenden. Normalerweise müssen wir diese als Bilddateien einbinden.

Wir haben bereits gelernt, wie wir die Bilddateien verkleinern können, wie wir mit Image-Maps aus mehreren Bildern eines machen und so Anfragen sparen, und wir wissen sogar, dass man mit Bitcode Bilder direkt ins HTML einbinden kann.

Durch die Verwendung von Zeichen können wir noch weiter gehen – wir müssen gar nichts mehr übertragen. Dabei geht es nicht darum, aus Zeichen, die wir im gewöhnlichen Zeichensatz zur Verfügung haben, Symbole wie ☺ zu erstellen, sondern um die Verwendung von Unicode-Zeichen.

Dabei handelt es sich um einen internationalen Standard (ISO 10646), der das Ziel hat, jedes sinntragende Symbol in einem Zeichensatz zu erfassen. Um dieses Ziel zu erreichen, wird der Standard laufend erweitert.

Viele Symbole des täglichen Gebrauchs können wir mit Unicode darstellen. Darunter Telefone, Informations- oder Warnhinweise.

Bild 4.15 Einige Unicode-Symbole

Um Unicode-Zeichen im HTML zu verwenden, verwenden Sie die Notation:

```
&#0000;
```

Statt 0000 schreiben Sie die Nummer des jeweiligen Unicode-Symbols. Eine ausführliche Liste mit aktuellen Unicodes finden Sie unter *http:// www.unicode-table.com*. Verwenden Sie auf Ihrer Webseite Wordpress oder ein anderes CMS, wird der WYSIWYG-Editor den Code vermutlich durch HTML-Sonderzeichen `&amp;0000&quot;` ersetzen. Um das zu verhindern und das gewünschte Symbol zu verwenden, verwenden Sie im Editor des CMS die Funktion TEXT oder HTML.

Moderne Browser können auch neue Unicodes korrekt anzeigen, wenn die dafür notwendigen Schriftarten (siehe *https://en.wikipedia.org/wiki/List_of_typefaces#Unicode_fonts*) installiert sind. Leider ist das nicht immer gegeben. Aus diesem Grund sollten die verwendeten Zeichen auf verschiedenen Browsern getestet werden.

5 HTML optimieren

Aufwand:	Schwierigkeitsgrad:	Nutzen:
Hoch	Mittel	Mittel

HTML-Code ist die wichtigste Komponente jeder Webseite. Egal ob und mit welchem CMS Sie Ihre Webseite betreiben, der Webserver wird am Ende immer HTML-Code ausgeben und an den Browser senden.

Ein HTML-Dokument kann in zwei Bereiche unterteilt werden. Zum einen gibt es den Head. Hier werden Seitentitel und Meta-Tags festgelegt. JavaScript und CSS können im Head eingefügt oder verlinkt werden. Zum anderen gibt es den Body. Hier finden sich alle sichtbaren Inhalte der Webseite.

■ 5.1 Die aktuelle HTML-Version verwenden

Viele Webseiten verwenden heute noch die alte HTML-Version 4.01. Die aktuelle Version HTML5 ermöglicht es dem Browser, die Webseite deutlich schneller zu rendern.

Wenn Sie eine neue Webseite erstellen, sollte diese von Anfang an in HTML5 geschrieben werden. Webseitenbetreiber, die ein Open-Source-CMS wie Wordpress oder Joomla! verwenden, bei denen es unzählige Templates von Drittanbietern gibt, sollten darauf achten, dass das Template HTML5 einsetzt.

Sie erkennen die verwendete Version an der ersten Zeile des Quellcodes. Dort ist der Doctype angegeben.

Sieht der Doctype so oder so ähnlich aus

```
<!DOCTYPE HTML PUBLIC "-//W3C//DTD HTML 4.01//EN"
"http://www.w3.org/TR/html4/strict.dtd">
```

handelt sich um eine HTML 4-Seite. Webseiten, die das aktuelle HTML5 verwenden, haben den einheitlichen Doctype:

```
<!DOCTYPE html>
```

Wenn Sie nur den Doctype einer HTML 4-Seite auf `<!DOCTYPE html>` ändern, wird es bei der Darstellung der Seite sicher keine Probleme geben. Die damit zu erzielende Performance-steigerung wird aber auch eher mager ausfallen.

Wollen Sie von der Power von HTML5 profitieren, müssen verschiedene Elemente geändert werden. Das ist aufwendige Handarbeit. Planen Sie, in absehbarer Zeit eine neue Webseite zu erstellen, wird sich der Aufwand vermutlich nicht mehr lohnen.

■ 5.2 Auf Validität des HTML-Codes achten

Die Struktur von HTML wird im Wesentlichen vom World Wide Web Consortium vorgege-ben. Es kann immer dauern, bis neue Features in den einzelnen Browsern implementiert werden.

Wo Menschen arbeiten, passieren Fehler. Das ist auch bei Webseiten der Fall. In der Praxis zeigt sich, dass auf vielen Webseiten HTML-Fehler vorkommen.

Browserhersteller wollen den Webseitenbetreibern möglichst fehlerfreie Seiten anzeigen. Darum antizipieren fast alle Browser bei manchen HTML-Fehlern, wie der Code richtig aussehen sollte.

Doch nur weil die Seite auf der Oberfläche richtig aussieht, bedeutet das nicht, dass der Code fehlerfrei ist. Jede Fehlerkorrektur bedeutet eine Rechenoperation. Ist der HTML-Code von Anfang an korrekt, sparen wir uns die Rechenleistung und unsere Webseite kann schneller gerendert werden.

Auf *http://www.validator.w3.org* können Sie eine Webseite auf HTML-Fehler überprüfen. Sie erhalten auch Korrekturvorschläge. Für eine möglichst schnelle Webseite sollten alle Fehler korrigiert werden.

Beispiele

Der HTML-Code

```
<div><span></div></span>
```

ist nicht valide, weil die Elemente nicht korrekt verschachtelt sind. Trotzdem wird er von vielen Browsern richtig dargestellt.

Richtig wäre:

```
<div><span></span></div>
```

Häufig kommen auch Tags vor, die nicht geschlossen werden.

■ 5.3 Keine externen Elemente einbinden

Wie wir wissen, ist beim Aufruf von eingebundenen Elementen, z. B. <img> für Bilder, eine zusätzliche Anfrage notwendig. Befindet sich das Bild, die CSS- oder JavaScript-Datei nicht auf derselben Domain, muss vor der Anfrage noch die IP-Adresse des entsprechenden Webservers aufgerufen werden.

Ein Fall, bei dem dieses Problem häufig auftritt, sind Werbebanner und andere externe Anzeigen. Die Bilder und Skriptdateien befinden sich oft auf den Servern der Publisher oder sind auf dem Server eines Werbenetzwerks gespeichert.

Dazu kommt, dass wir keinen Einfluss darauf haben, wie schnell der externe Webserver ist. Liefert dieser ein Bild mit einer Sekunde Verzögerung aus, kann sich unsere eigene Seite dadurch um eine Sekunde verlangsamen, wenn unsere Seite beim Aufbau auf das externe Element angewiesen ist.

Das gilt übrigens auch, wenn das Bild auf einer Subdomain liegt, z. B. http://bilder.ihreseite. seite.

5.3.1 Bilder kopieren

Der einfachste Weg, auf externe Bilder zu verzichten, ist, diese von der externen Quelle herunterzuladen und mittels FTP oder über das Backend Ihres CMS auf Ihrer Seite hinzuzufügen.

Abschließend müssen Sie noch auf der Seite, auf der sich das Banner befindet, den bestehenden Link ändern, sodass nicht mehr das externe Bild geladen wird, sondern das von Ihrem Webserver.

 Praxistipp

Wenn Sie Bilder von anderen Webseiten auf Ihren Server kopieren, sollten Sie auf das Urheberrecht achten. Viele Werbenetzwerke erlauben dieses Vorgehen – aber nicht alle. Sehen Sie deshalb unbedingt in den Geschäftsbedingungen nach, bevor Sie eine fremde Grafik kopieren und verwenden. ■

5.3.2 DNS-Prefetch

Lässt sich aus technischen oder rechtlichen Gründen ein Bild nicht auf Ihren eigenen Server kopieren, können Sie mit DNS-Prefetch die IP-Adresse des externen Servers bereits früher auflösen. Wie das funktioniert, wird in Kapitel 9.4, *Prefetch und Prerender*, ausführlich erklärt.

Diese Methode eignet sich aber hauptsächlich für externe Ressourcen, die nicht auf der Startseite verwendet werden. Wenn Besucher auf der Hauptseite landen, können Sie so Inhalte der Unterseiten vorladen. Kommen viele Besucher über eine eigene Landingpage, können Sie auf dieser Seite Ressourcen für die Hauptseite vorladen.

5.3.3 Externe Elemente verzögert laden

„Das Hemd ist näher als der Rock", lautet ein altes Sprichwort. Das sollten wir uns zu Herzen nehmen, wenn wir externe Elemente auf unserer Seite verwenden. Zuerst sollten alle eigenen Bilder und anderen externen Dateien geladen werden.

Mittels eines JavaScripts können dann externe Bilder nachträglich geladen werden. Wenn Sie in der Praxis feststellen, dass der externe Server sehr langsam ist und es beim Rendern zu unschönen Effekten kommt, können Sie einen Platzhalter anstelle des externen Bildes platzieren. JavaScript muss dann den Platzhalter durch das eigentliche Bild ersetzen. In Abschnitt 4.11 Bilder verzögert laden wird diese Methode erklärt.

■ 5.4 Frames vermeiden

Eigentlich sollte man es heute nicht mehr sagen müssen, aber leider sehe ich nach wie vor Webseiten, die mit Frames arbeiten. Das ist nicht nur nachteilig für die Ladezeit. Suchmaschinen haben damit Probleme und auf Mobilgeräten sehen solche Seiten meistens schrecklich aus.

Einen wirklichen Grund, Frames zu verwenden, gibt es heute nicht mehr. Darum sollten auf einer Seite keine Frames verwendet werden.

■ 5.5 Weiterleitung vermeiden

Wenn der Besucher die URL Ihrer Seite – sagen wir http://www.ihreseite.seite– in den Browser eingibt, wird diese Seite abgerufen. Auf manchen Webseiten ist auf der Startseite eine Weiterleitung eingerichtet. Grund dafür kann beispielsweise eine Spracherkennung sein. Der Browser des Besuchers erhält dann die Information, dass die Seite http://www.ihreseite.seite/de abgerufen werden soll. Dann muss erneut eine Anfrage für diese URL gesendet werden. Das ist kein optimales Benutzererlebnis. Weiterleitungen sollten darum, wann immer möglich, verhindert werden.

 SEO-TIPP

Eine automatische Spracherkennung mag für den Benutzer im ersten Moment ein Vorteil sein. Aus Sicht der Suchmaschinenoptimierung und der Ladezeit ist dieses Feature jedoch nachteilig. Besser ist es, für jede Sprache eine eigene Webseite zu erstellen und diese für den jeweiligen Sprachraum zu optimieren.

5.6 HTML reduzieren

In der Ausbildung lernen Webentwickler, dass sie HTML-Code schön formatieren sollen; damit ist nicht das Aussehen einer fertigen Webseite oder die Richtigkeit des Codes gemeint, sondern lediglich die Optik des Quelltexts. Es gibt sogar Tools im Web, die dabei helfen, den Code schön zu formatieren[1].

Für die Ladezeit einer Webseite sind diese Formatierungen aber nicht ideal. Das schnellste Byte ist dasjenige, das nicht übertragen werden muss. Leerzeichen und Leerzeilen, die nur dazu dienen, den Quellcode schöner aussehen zu lassen, brauchen wir nicht zwingend zu übertragen.

Der Fehler *HTML-Optimieren* wird von Google PageSpeed Insights manchmal nur mit 2 bis 3 % Reduzierungspotenzial angegeben. Das sind dann nur wenige Byte. Oft werde ich gefragt, ob es das wirklich bringt, hierfür Zeit zu investieren. Natürlich werden Sie mit diesem einzelnen Punkt oder der Einsparung von ein paar Byte nicht aus einer lahmen Ente einen italienischen Sportwagen machen.

Wenn Sie aber bei Google PageSpeed Insights eine 100/100-Bewertung erhalten wollen, müssen Sie sich die Zeit nehmen, den HTML-Code aufzuräumen, und alle unnötigen Zeichen löschen.

Was müssen Sie tun?

Was Sie tun müssen, um den HTML-Code zu verschlanken, hängt ganz vom CMS ab, welches auf Ihrer Seite zum Einsatz kommt.

Wenn Sie eine reine HTML-Webseite haben, bietet der HTML-Editor Phase[2] eine brauchbare Lösung an. Klicken Sie auf HTML > LEERZEILEN ENTFERNEN und das Programm entfernt selbstständig alle überflüssigen Leerzeilen. Andere HTML-Editoren bieten ähnliche Funktionen an.

Bei dynamischen, programmierten Webseiten oder wenn Sie ein CMS nutzen, hilft das allerdings nichts. Der Grund dafür liegt darin, dass der HTML-Code nicht wie das CSS oder JavaScript in einem Stück vorliegt, sondern vom aktiven Programm erst beim Aufruf zusammengestellt wird.

Es bleibt nichts anderes übrig, als den Code Zeile für Zeile nach unnötigen Zeichen zu durchsuchen und diese zu entfernen.

---

[1] *http://www.cleancss.com/html-beautify/*
[2] *http://www.phase5.info*

Wordpress-Tipp

Wordpress ermöglicht es Ihnen, ohne FTP die einzelnen Seiten des Templates über das Backend zu bearbeiten. Sie gelangen zum Code unter „Design" -> „Editor". Den meisten HTML-Code finden Sie in header.php, footer.php, index. php page.php und single.php.

Einen Auszug aus der header.php einer gewöhnlichen Wordpress-Seite sehen Sie hier:

Listing 5.1 header.php (Beispiel)

```
<header><!-- .entry-header -->
</header>
        <div id="primary_wrap">
        <div id="primary" class="content-area">
        <div id="content" class="site-content" role="main">

            <?php if ( have_posts() ) : ?>

            <?php /* Start the Loop */ ?>
            <?php while ( have_posts() ) : the_post(); ?>
```

Dieser Bereich sollte nach der Optimierung so aussehen:

Listing 5.2 header.php (Beispiel reduziert)

```
<div id="primary_wrap"><div id="primary" class="content-area">
<div id="content" class="site-content" role="main"><?php if ( have_
posts() ) : ?><?php /* Start the Loop */ ?><?php while ( have_posts() )
: the_post(); ?>
```

Meist genügt es, in diesen Dateien sämtliche leere Zeilen zu entfernen, um bei PageSpeed Insights diesen Punkt zu erfüllen.

■ 5.7 Sichtbare Inhalte priorisieren

Eine Empfehlung, die bei Google PageSpeed Insights immer wieder angezeigt wird, lautet *Sichtbare Inhalte priorisieren*. Google schlägt dazu zwei Punkte vor:

1. Der HTML-Code sollte so strukturiert werden, dass Inhalte „above the fold" zuerst geladen werden.

2. Inhalte von Drittanbietern sollten immer zum Schluss geladen werden.

Nehmen wir als Beispiel eine Seite mit einer Sidebar. Wird diese Sidebar im HTML-Code über dem Inhalt (Content) platziert, muss die Sidebar zuerst geladen werden, bevor der Browser den Inhalt anzeigen kann.

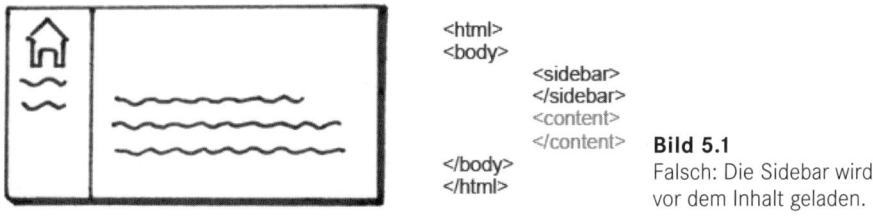

Bild 5.1
Falsch: Die Sidebar wird
vor dem Inhalt geladen.

Normalerweise befinden sich in einer Sidebar Elemente, die für den User nicht so wichtig sind, wie die Navigation oder Werbebanner. Besucher kommen aber nicht auf Ihre Seite, um Banner zu sehen. Sie wollen den Inhalt sehen. Wenn Sie einfach den Inhalt vor die Sidebar kopieren, kann der Browser den Inhalt zuerst laden, ohne auf die Sidebar warten zu müssen.

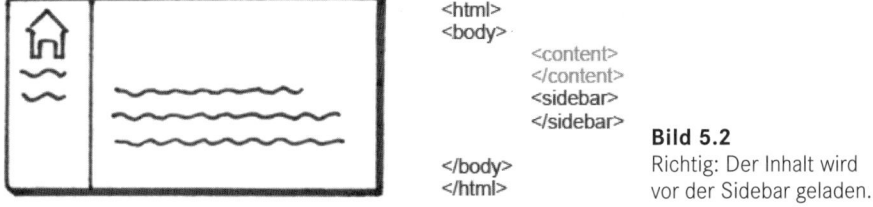

Bild 5.2
Richtig: Der Inhalt wird
vor der Sidebar geladen.

Mit dieser Änderung sehen Ihre Besucher den Inhalt zuerst. Während sie mit dem Lesen beginnen, lädt der restliche Inhalt nach und nach.

Ein zweiter Aspekt betrifft Elemente, die sich „under the fold" befinden. Kommt der Besucher auf Ihre Seite, ist es noch gar nicht sicher, ob er diesen Teil der Seite jemals angezeigt bekommt. Wechselt er über das Hauptmenü auf eine Unterseite, wird der Inhalt „under the fold" nicht benötigt.

Die erste Response, die Antwort, die der Webserver sendet, ist 14 kB oder kleiner. Das liegt an den Vorgaben im TCP-Protokoll. Aus diesem Grund sollten Sie beim Optimieren einer Webseite darauf achten, dass die erste Datei, die vom Webserver an den Benutzer gesendet wird, kleiner als 14 kB ist.

Die Größe dieser Datei können wir mit *http://www.webpagetest.org* überprüfen. Verkleinern können wir sie, indem wir Leerzeichen und Leerzeilen entfernen oder Komprimierung nutzen.

■ 5.8 Fehlerhafte Anfragen vermeiden

Früher zeigten Browser noch einen Hinweis (siehe Bild 5.3) an, wenn eine Grafik nicht geladen werden konnte. Firefox, Chrome und Safari zeigen heute lediglich den Inhalt des Alt-Attributs, d. h. die Bildbeschreibung an, oder wenn dieser nicht vorhanden ist, wird gar nichts angezeigt. Für den Besucher mag es zwar schöner sein, einen Fehler nicht zu sehen. Aber nur weil man ihn nicht sieht, bedeutet es nicht, dass der Fehler nicht da ist.

Bild 5.3
Hinweis bei nicht vorhandenem Bild

Wird ein Bild aufgerufen, sendet der Browser an den Server eine Anfrage mit der Bitte, diese Datei auszuliefern. Der Server macht sich nun in seinem Dateisystem auf die Suche nach dieser Grafik. Findet er sie nicht, sendet er eine Antwort mit einem 404-Statuscode an den Browser. Das gilt nicht nur für Bilder, sondern auch für JavaScript-, CSS- oder andere Dateien, auf die zugegriffen werden kann.

Webpagetest.org analysiert sämtliche Dokumente, die eine Webseite aufruft. Stellen Sie dabei fest, dass es zu 404-Fehlern kommt, sollten diese beseitigt werden, indem die Links auf diese URLs gesucht und gelöscht werden. Können Sie den Aufruf einer bestimmten Datei wirklich nicht verhindern, empfehle ich Ihnen, eine leere Datei an dieser Stelle zu platzieren. Der Server kann diese Datei wesentlich schneller zurücksenden, als wenn er vergeblich nach einer Datei sucht.

■ 5.9 Schriftarten optimieren

Die Schriftart ist ein wesentliches Designmerkmal einer Webseite. Viele Webseitenbetreiber und Grafikagenturen legen Wert auf besondere Schriftarten. Der Nachteil bei diesen Schriftarten ist, dass sie bei den allermeisten Webseitenbesuchern nicht auf dem PC, Tablet oder Smartphone installiert sind.

Individuelle Schriften sind inzwischen dank der sogenannten WebFonts möglich. Allerdings sind Schriftart-Dateien sehr groß und müssen in die Webseite eingebunden und beim Abrufen der Seite mit heruntergeladen werden, damit die Webseite mit der ausgewählten Schrift auf jedem Computer dargestellt werden kann.

Ein Lösungsansatz ist, die von Google bereitgestellten Webfonts zu verwenden. Google hat sehr viele frei verfügbare Schriftarten auf einem sehr schnellen Server bereitgestellt. Wie Sie diese Schriftart-Dateien einbinden, zeige ich Ihnen am Beispiel der Schriftart Tangerine. Im <head> der Webseite wird folgender Code verwendet.

```
<link rel="stylesheet" type="text/css" href="http://fonts.googleapis.com/
css?family=Tangerine">
```

Dadurch wird die Schrift vom Google-Server abgerufen. Das hat nicht nur den Vorteil, dass der Google-Server schneller ist. Viele Leute besuchen Webseiten, die Google-Schriftarten verwenden. Wenn der Besucher diese Schrift kürzlich auf einer anderen Webseite mitbekommen hat, ist sie vermutlich noch im Cache und muss nicht neu heruntergeladen werden. Außerdem kann der Browser, während er diese Schrift vom Google-Server herunterlädt, das Laden Ihrer Webseite ungehindert fortsetzen.

■ 5.10 Websichere Schriften verwenden

Eine bessere Lösung ist jedoch, auf sogenannte websichere Schriftarten zurückzugreifen. Das sind Schriftarten, bei denen davon ausgegangen wird, dass sie auf allen Geräten installiert sind oder ein Äquivalent vorhanden ist.

Dabei handelt es sich um die folgenden Schriftarten:

Arial, Helvetica, *sans-serif*	Arial, Helvetica, *sans-serif*
Arial Black, Gadget, *sans-serif*	**Arial Black, Gadget, *sans-serif***
Comic Sans MS, *kursiv*	Comic Sans MS, *kursiv*
Courier New, Courier, `monospace`	Courier New, Courier, `monospace`
Georgia, *serif*	Georgia, *serif*
Impact, Charcoal, *sans-serif*	**Impact, Charcoal, *sans-serif***
Lucida Console, Monaco, *monospace*	Lucida Console, Monaco, *monospace*
Lucida Sans Unicode, Lucida Grande, *sans-serif*	Lucida Sans Unicode, Lucida Grande, *sans-serif*
Palatino Linotype, Book Antiqua, Palatino, *serif*	Palatino Linotype, Book Antiqua, Palatino, *serif*
Tahoma, Geneva, *sans-serif*	**Tahoma, Geneva, *sans-serif***
Times New Roman, Times, *serif*	Times New Roman, Times, *serif*
Trebuchet MS, Helvetica, sans-serif	Trebuchet MS, Helvetica, *sans-serif*
Verdana, Geneva, *sans-serif*	**Verdana, Geneva, *sans-serif***
Σψμβολ	Σψμβολ
▶️■☸♥ⓘ♣▣?	▶️■☸♥ⓘ♣▣?
✦✴■♈♎■♈♈■♈•▣•☾✆☐✗·♋✴■♈♈♌♋ ◆•	✦✴■♈♎■♈♈■♈•▣•☾✆☐✗·♋✴■♈♈♌♋ ◆•
MS Sans Serif, Geneva, *sans-serif*	**MS Sans Serif, Geneva, *sans-serif***
MS Serif, New York, *serif*	MS Serif, New York, *serif*

Bild 5.4 Websichere Schriftarten

Wenn Sie eine dieser Schriftarten verwenden, ist das optimal. Denn dann müssen Ihre Besucher nicht eine Schriftart mit der Seite mitladen.

SEO-TIPP

Vermeiden Sie, Textbereiche als Bild zu speichern.

Auf einigen wenigen Seiten sieht man, dass Text (z. B. Überschriften) als Bild gespeichert wird. Das ist nicht nur schlecht für die Ladezeit, sondern wirkt sich nachteilig auf die Position in den Suchergebnisseiten aus. Google kann Text auf Bildern nicht so gut lesen.

■ 5.11 Cookies vermeiden

5.11.1 Was sind Cookies?

Ein Cookie ist eine kleine Textdatei, die der Benutzer unbemerkt auf seinen lokalen PC oder sein Smartphone von einer Webseite herunterlädt. Cookies erlauben der Webscite, bei einem erneuten Besuch den Benutzer zu identifizieren. Dabei kann ein Vorteil von Cookies sein, dass sich Webseitenbesucher nicht jedes Mal auf einer Seite neu anmelden müssen.

So kann der Inhalt eines Cookies aussehen:

Listing 5.3 Beispiel eines Cookies

```
Name: wsaPrefs
Inhalt: {"news-headlines":3}
Host: www.bbc.co.uk
Pfad: /worldservice
Senden für: Jeden Verbindungstyp
Gültig bis: Donnerstag, 5. April 2016 15:59:29
```

Der Inhalt eines Cookies ist meist sehr harmlos. Es enthält oft nur eine einfache Identifikationsnummer. Mit dieser ordnet der Webserver den Besucher einem Benutzernamen oder Ähnlichem zu.

Cookies haben aber den Nachteil, dass sie die Ladezeit von Webseiten verlangsamen. Sie erfordern zusätzliche Kommunikation zwischen dem Browser und dem Webserver, da sie bei jeder Anfrage nach einer einzelnen Datei immer mitgesendet werden. Bei vielen Internetanschlüssen ist der Upload deutlich langsamer als der Download. Cookies müssen vom Browser hochgeladen werden. Zudem ist der Request viel kleiner als der Response. Darum sollten wir, wenn wir Cookies einsetzen, diese möglichst klein halten.

5.11.2 Ausgleich zwischen Pagespeed und Benutzerfreundlichkeit?

Auf vielen Websites, die Cookies verwenden, wäre es nicht erforderlich, diese auf der ganzen Site zu verwenden. Nehmen wir als Beispiel einen Onlineshop. Die Produktseiten benötigen kein Cookie. Erst wenn der Besucher den Warenkorb verwendet, ist es sinnvoll, dass er wiedererkannt wird.

Um das zu verwirklichen, können Sie den Warenkorb auf einer Subdomain verwenden, z.B. http://warenkorb.ihreseite.seite. Auf dieser Domain können Sie dann mit Cookies arbeiten, während auf der Hauptseite keine Cookies verwendet werden.

Dies hat auch den Vorteil, dass Sie unter Umständen auf der Hauptseite auf den neuerdings verpflichtenden Cookie-Hinweis verzichten können.

Denken Sie daran, dass Cookies nicht nur von Ihrer eigenen Website verwendet werden. Haben Sie externe Elemente wie ein Werbebanner eingebunden, ist es sehr wahrscheinlich, dass auch von dieser Seite ein Cookie gesetzt wird. Dies können Sie vermeiden, indem Sie auf externen Elemente verzichten

6 CSS optimieren

Aufwand:	Schwierigkeitsgrad:	Nutzen:
Mittel	Mittel	Mittel

■ 6.1 Was ist CSS?

CSS steht für Cascading Style Sheets, auf Deutsch etwa: kaskadierende Formatvorlagen. CSS ermöglicht uns, den Style der Webseite, das bedeutet Schriftarten, Schriftgrößen, Farben und Formen, zentral festzulegen. Jede Unterseite nutzt dieses Stylesheet und hat deshalb dasselbe Grunddesign. Möchten wir die Schriftart auf unserer Webseite ändern, müssen wir das nur in einer einzelnen Datei umstellen und die Änderung findet sofort auf jeder Seite Anwendung.

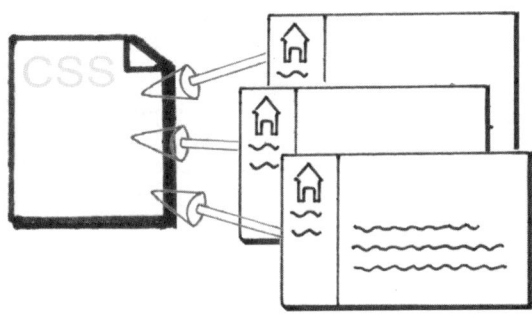

Bild 6.1
Eine CSS-Datei wird von mehreren
HTML-Dokumenten verwendet.

Es gibt drei Möglichkeiten den CSS-Code zu optimieren. Die erste nennt man Reduzierung oder auf Englisch minify. Dabei können wir Dateien so umformatieren, dass sich alle Zeichen in einer Zeile befinden. Leerzeichen und Leerzeilen sind für die korrekte Funktionsweise nicht erforderlich

Gerade bei Wordpress-Templates, aber auch bei vielen von Design-Agenturen programmierten Webseiten kommt es oft vor, dass mehr als eine CSS-Datei eingesetzt wird. Das ist nicht optimal, denn jede dieser Dateien verursacht einen zusätzlichen Roundtrip, da der Browser jede Datei beim Webserver anfragen muss. Der Webserver sendet die Datei mit einer Rückantwort, auf Englisch Response, an den Browser zurück. Besser ist es deswegen, alle CSS-Dateien zu einer einzigen zusammenfassen. Dann gibt es nur noch einen Request und einen Response.

Der dritte Aspekt ist, dass viele CSS-Dateien Style-Definitionen enthalten, die nicht verwendet werden.

■ 6.2 CSS-Dateien reduzieren (minify)

Manche Webagenturen und Programmierer legen sehr viel Wert darauf, dass CSS-Dateien „well-formatted" sind, d. h. schön formatiert, gegliedert und gut lesbar. Diese Dateien sehen dann so aus:

Listing 6.1 Beispiel einer CSS-Datei

```
html {
        font-size: 62.5%; /* Corrects text resizing oddly in IE6/7 when body font
        size is set using em units /#c790 */
        overflow-y: scroll; /* Keeps page centred in all browsers regardless of content
height */
        -webkit-text-size-adjust: 100%; /* Prevents iOS text size adjust after
orientation change, without disabling user zoom */
        -ms-text-size-adjust: 100%; }
body {
        background: #666;
}
article,
aside,
details,
figcaption,
figure,
footer,
header,
hgroup,
nav,
section {
        display: block;
}
ol, ul {
        list-style: none;
}
table { /* tables still need 'cellspacing="0"' in the markup */
        border-collapse: separate;
        border-spacing: 0;
}
```

Während der Entwicklung einer Webseite ist das nützlich und notwendig, denn ohne Gliederung ist es extrem mühsam, sich in der Datei zurechtzufinden, wenn man z. B. etwas ändern möchte.

In der fertigen Webseite müssen die CSS-Dateien aber nicht so aussehen. Kein Besucher wird sich auf Ihrer Webseite eine CSS-Datei ansehen. Leerzeichen und Kommentare sind daher nicht mehr erforderlich und sollten entfernt werden. Dadurch sparen wir einiges an Daten und beschleunigen unsere Webseite.

Sie benötigen keinen Programmierer, um die CSS-Dateien Ihrer Webseite rasch und einfach zu reduzieren. Dafür gibt es das kostenlose Tool *http://www.cssminifier.com*. Es reduziert Ihre CSS-Dateien, indem es nicht benötigte Zeichen entfernt.

Minify your CSS

Online CSS Minifier/Compressor. Free! Provides an API.
Simple Quick and Fast.

Tweet 198   Like 283   8+1 52   Awesome geeky t-shirts at Unicode Tees. Use discount code CSSMINIFIER for 10% off all orders.

Input CSS   Minified Output

Minify   Download as File   RAW   Clear   Select All

Bild 6.2 *www.cssminifier.com*

Laden Sie einfach den Inhalt der bestehenden CSS-Dateien in das entsprechende Feld im Tool und Sie bekommen die reduzierte Version ohne Leerzeichen und Wiederholungen zurück.

Das Beispiel aus Listing 6.1 sieht nach der Reduzierung so aus:

Listing 6.2 Beispiel aus Listing 6.1 in reduzierter Form

```
html{font-size:62.5%;overflow-y:scroll;-webkit-text-size-adjust:100%;-ms-text-size-
adjust:100%}body{background:#666}article,aside,details,figcaption, figure,footer,header
,hgroup,nav,section{display:block}ol,ul{list-style:none} table{border-
collapse:separate;border-spacing:0}
```

Jeder erkennt sofort, dass bereits bei diesem kleinen Ausschnitt mit nur wenigen Zeilen viel gespart wurde. In der Praxis sind CSS-Dateien deutlich größer und bieten mit dieser Methode einiges an Einsparungspotenzial.

Um diese Art der Optimierung auf Ihre Webseite anzuwenden, sammeln Sie alle CSS-Dateien, indem Sie im Quelltext Ihrer Webseite nach „.css" suchen. Aber auch im <head> zwischen <style> und </style> kann sich CSS-Code befinden. Sie können auch *http://www.webpagetest.org* verwenden. Beim Analysieren einer Seite wird angezeigt, welche CSS-Dateien geladen werden.

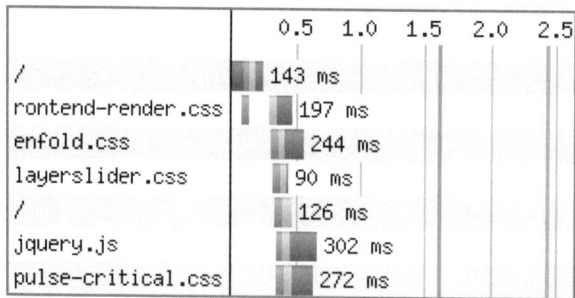

Bild 6.3 *webpagetest.org* zeigt CSS-Dateien einer Webseite an.

Mit einem FTP-Client können Sie diese Dateien im angegebenen Verzeichnis finden. Laden Sie die CSS-Dateien auf Ihren PC, machen Sie eine Sicherungskopie und öffnen Sie die Datei mit einem HTML- oder Texteditor.

 Wordpress-Tipp

In Wordpress können Sie die wichtigsten Stylesheets Ihres Templates unter DESIGN > EDITOR finden und bearbeiten.

Bevor Sie diese Dateien verändern, sollten Sie eine Sicherungskopie anlegen.

■ 6.3 CSS-Dateien zusammenfassen und/oder inline einbinden

Viele Webseiten verwenden zahlreiche CSS-Dateien auf einer Seite. Warum ist das schlecht? Der Benutzer gibt die URL in den Browser ein und dieser sendet eine Anfrage mit der URL an den Webserver. Wie wir in Kapitel 2, Wie kommt eine Webseite auf unseren PC?", erfahren haben, erhält der Browser nun ein Paket zurück, in dem das HTML enthalten ist. Diese Tags <link... zeigen dem Browser, dass er eine zusätzliche, externe Datei laden muss. Also sendet er an den Webserver erneut eine Anfrage, um das gesuchte Dokument zu erhalten.

 Wordpress-Tipp

Besonders bei Wordpress ist das häufig der Fall, denn viele Plug-ins kommen mit ihrer eigenen CSS-Datei. Ganz besonders schlimm finde ich persönlich, wenn Plug-ins oder Templates mit einer custom.css-Datei benutzt werden und diese Datei außer einem Kommentar nichts enthält.

HANSER Computerbuch

Die besten Fachbücher für IT-Profis

Alles finden ...

Viele Bücher mit E-Book inside

Alle Angaben entsprechen dem Stand vom 01.01.2016

Titelbild: © Shutterstock / Sentavio

Frische Rezepte
für Profis!

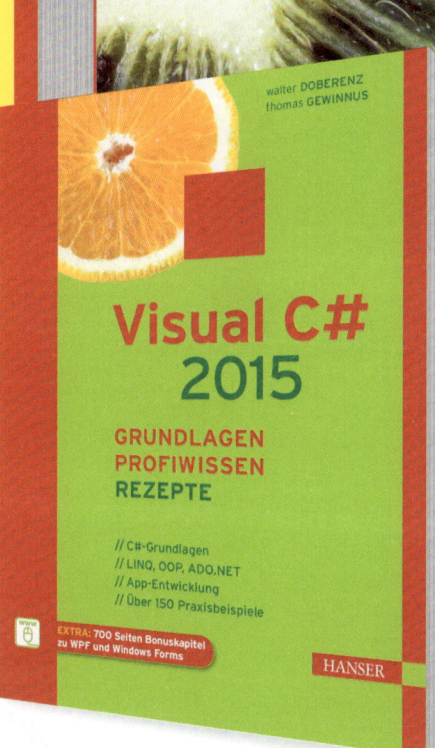

Walter Doberenz, Thomas Gewinnus

Visual Basic 2015
Grundlagen, Profiwissen und Rezepte

➜ Für Einsteiger, Fortgeschrittene und Profis
➜ Klassiker der Visual Basic-/.NET-
  Programmierung
➜ EXTRA: 700 Seiten Bonuskapitel zur GUI-
  Entwicklung mit WPF und Windows Forms

1.195 Seiten
FlexCover
€ 49,99
ISBN 978-3-446-44380-8

Walter Doberenz, Thomas Gewinnus

Visual C# 2015
Grundlagen, Profiwissen und Rezepte

➜ Für Einsteiger, Fortgeschrittene und Profis
➜ Übungs- und Nachschlagewerk mit genialen
  Rezepten zu jedem Thema
➜ EXTRA: 700 Seiten Bonuskapitel zur GUI-
  Entwicklung mit WPF und Windows Forms

1.195 Seiten
FlexCover
€ 49,99
ISBN 978-3-446-44381-5

#makers DO IT.

NEU

Andreas Stadler

Mein LEGO®-EV3-Buch

Eigene Roboter bauen und programmieren
mit LEGO® MINDSTORMS®

→ Nach dem Prinzip: Kreativ selbst entwickeln statt Nachmachen
→ Vermittelt grundlegende Programmiertechniken, um den Roboter
   über die LEGO® MINDSTORMS® EV3-Software zu steuern
→ Mit dem LEGO® Digital Designer ein einfaches, beliebig erweiterbares
   Robotermodell erstellen – und auf Wunsch mit der Community teilen
→ Zeigt die Einsatzmöglichkeiten aller im Set enthaltenen LEGO®-Sensoren

Erscheint 04/2016
ca. 256 Seiten. Komplett in Farbe. Broschur
ca. € 22,99
ISBN 978-3-446-44737-0

E-Book inside

Christoph Scheel

Multicopter-Drohnen

Selber Bauen – Tunen – Fliegen

→ Jeder kann einen Multicopter bauen, auch
   ohne Vorkenntnisse
→ Klar strukturierte Bauanleitung für ein
   erprobtes Modell mit hochwertigen, aber
   preisgünstigen Einzelkomponenten
→ Beliebig erweiterbares Konzept für alle
   denkbaren Anwendungen
→ Der Bastler versteht die Technik und kann
   selbst Modelle entwickeln und, falls nötig,
   reparieren
→ Inklusive kleiner Flugschule – keine Angst
   vorm Fliegen

Erscheint 06/2016
ca. 200 Seiten. Komplett in Farbe. Broschur
ca. € 29,99
ISBN 978-3-446-44738-7

NEU

E-Book inside

Florian Horsch

3D-Druck für alle

Der Do-it-yourself-Guide

→ Für alle, die 3D-Druck im privaten oder
   kommerziellen Bereich einsetzen möchten
   (keine Vorkenntnisse erforderlich)
→ Alles Wissenswerte zu Hard-/Software,
   Dienstleistern, Shops & Events
→ Mit über 10 Praxisübungen zur Fertigung
   von 3D-Selfies, Multicoptern, Ringen,
   Ersatzteilen u.v.m.
→ Mit aktuellen Trends zu Mehrfarbdruck,
   Materialien und Veredelung

2., aktualisierte und erweiterte Auflage
356 Seiten. Komplett in Farbe. Broschur
€ 29,99
ISBN 978-3-446-44261-0

E-Book inside

Stephan Hüwe

Raspberry Pi für Windows-/.NET-Entwickler

Grundlagen, optimale Umsetzung, Projekte für
die Praxis

→ Erstmals: Raspberry Pi in Verbindung
   mit Windows 10
→ Für die professionelle Entwicklerszene
   (Visual Studio/.NET)
→ Vermittlung aller notwendigen Software-
   und elektrotechnischen Grundlagen
→ Mit fünf Beispielprojekten: Von der Idee
   bis zur Umsetzung

Erscheint 06/2016
ca. 280 Seiten. Komplett in Farbe. FlexCover
ca. € 29,99
ISBN 978-3-446-44719-6

E-Book inside

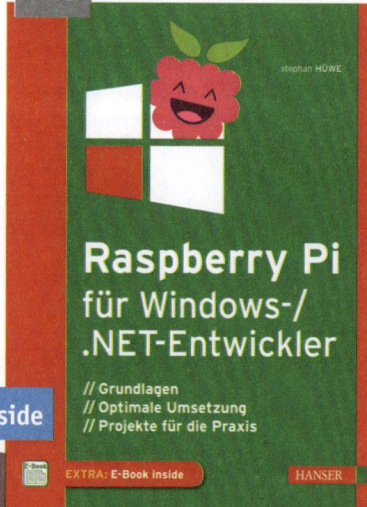

Excellente Bücher

NEU

Ignatz Schels

Excel 2016 Praxisbuch

Zahlen kalkulieren, analysieren und präsentieren

→ Das Grundlagenwerk für Excel – neu zu Excel 2016
→ Für Einsteiger und Profis: Von den Grundlagen
  der Zellenbearbeitung bis zu Spezialtechniken
  mit ODBC, PowerPivot und VBA
→ Zu jedem Thema Beispiele aus der Praxis
→ Mit zahlreichen Tipps und Tricks, nützlichen
  Tastenkombinationen und Makros

Erscheint 04/2016
ca. 1.000 Seiten. Komplett in Farbe. FlexCover
ca. € 39,99
ISBN 978-3-446-44803-2

E-Book inside

Ignatz Schels

Excel 2016 Formeln und Funktionen

Über 450 Funktionen, jede Menge
Tipps und Tricks aus der Praxis

→ Die volle Excel-Power nutzen –
  aktuell zu Excel 2016
→ Die Funktionsbibliothek kennen und
  beherrschen – rund 450 Funktionen
→ Professionelle Kalkulationen und
  Verknüpfungen

Erscheint 04/2016
ca. 650 Seiten. Zweifarbig. Broschur
ca. € 19,99
ISBN 978-3-446-44802-5

NEU

E-Book inside

NEU

Ignatz Schels, Uwe M. Seidel

Excel 2016 im Controlling

Professionelle Lösungen für Controlling,
Projekt- und Personalmanagement

→ Eingeführter Bestseller – aktuell zu Excel 2016
→ Die besten Tipps und Tricks aus der Praxis
→ Mit zahlreichen Lernbeispielen und Lösungen für die
   Bereiche Finanzen, Personal und Projektmanagement

Erscheint 04/2016
ca. 600 Seiten. Komplett in Farbe. FlexCover
ca. € 39,99
ISBN 978-3-446-44799-8

E-Book inside

Michael Kofler, Ralf Nebelo

Excel 2016 programmieren

Abläufe automatisieren, (Office-)Add-ins
und Anwendungen entwickeln

→ Das Standardwerk für professionelle Excel-Programmierer
→ Aktuell zu Excel 2016
→ Die nahezu unbegrenzten Möglichkeiten der Excel-Programmierung
kennenlernen und sich in den komplexen Objektwelten zurechtfinden
→ Mit VBA tägliche Arbeitsvorgänge automatisieren, neue Tabellenfunktionen
programmieren, externe Daten einlesen, Diagramme erstellen u.v.m.
→ Mit zahlreichen Schritt-für-Schritt-Beispielen

Erscheint 04/2016
ca. 1.000 Seiten. FlexCover
ca. € 49,99
ISBN 978-3-446-44798-1

NEU

E-Book inside

Ignatz Schels, Uwe M. Seidel

Projektmanagement mit Excel

Projekt planen, überwachen und steuern

→ Projekte planen und steuern mit Excel
→ Mit Praxisbeispiel, Schritt für Schritt aufgebaut
→ Termine, Kosten und Ressourcen im Griff
→ Nützliche VBA-Makros für Projektmanager

332 Seiten. FlexCover
€ 39,99
ISBN: 978-3-446-44009-8

NEU

Boris Gloger

**Scrum
Think big**

Scrum für wirklich große Projekte, viele Teams und viele Kulturen

→ Wie wird Software-Entwicklung in großen Projekten durchgeführt?
→ Standortübergreifend Scrum in großen Teams managen
→ Vom Scrum-Papst Boris Gloger
→ Praxisnahe Problemerläuterungen mit pragmatischen Lösungsansätzen aus 10 Jahren Erfahrung

Erscheint 05/2016
ca. 250 Seiten
FlexCover
ca. € 34,99
ISBN: 978-3-446-44634-2

E-Book inside

Boris Gloger, Dieter Rösner

**Selbstorganisation
braucht Führung**

Die einfachen Geheimnisse agilen Managements

263 Seiten
FlexCover
€ 34,99
ISBN 978-3-446-43828-6

Boris Gloger

**Wie schätzt man in
agilen Projekten**

– oder wieso Scrum-Projekte erfolgreicher sind

160 Seiten
FlexCover
€ 29,99
ISBN 978-3-446-43910-8

E-Book inside

A. Opelt, B. Gloger,
W. Pfarl, R. Mittermayr

Der agile Festpreis

Leitfaden für wirklich erfolgreiche IT-Projekt-Verträge

2., überarbeitete Auflage
267 Seiten
FlexCover
€ 34,99
ISBN 978-3-446-44136-1

E-Book inside

Boris Gloger

Scrum

Produkte zuverlässig und schnell entwickeln

4., überarbeitete Auflage
352 Seiten
FlexCover
€ 39,99
ISBN 978-3-446-43338-0

E-Book inside

NEU

Klaus Leopold

Kanban in der Praxis

Vom Teamfokus zur Wertschöpfung

→ Wie startet man erfolgreich mit Kanban?
→ Das Buch bietet einen Praxisleitfaden, der zeigt, wie mit einem
  Kanban-System gearbeitet wird und wie es verbessert wird
→ Zeigt zwei spezielle Arten der Verbesserung:
  Breitenskalierung und Tiefenskalierung

Erscheint 04/2016
ca. 250 Seiten
FlexCover
ca. € 34,99
ISBN: 978-3-446-44343-3

E-Book inside

Klaus Leopold,
Siegfried Kaltenecker

Kanban in der IT

Eine Kultur der kontinuierlichen
Verbesserung schaffen

2., überarbeitete Auflage
304 Seiten
FlexCover
€ 34,99
ISBN 978-3-446-43826-2

E-Book inside

Judith Andresen

**Retrospektiven in
agilen Projekten**

Ablauf, Regeln und
Methodenbausteine

243 Seiten
FlexCover
€ 29,99
ISBN 978-3-446-43908-5

E-Book inside

M. Baumgartner, M. Klonk,
H. Pichler, R. Seidl, S. Tanczos

Agile Testing

Der agile Weg zur Qualität

254 Seiten
FlexCover
€ 39,99
ISBN 978-3-446-43194-2

E-Book inside

**COMPUTER & IT
NEWSLETTER**

Immer top informiert!
Aktuelle Bücher aus der Branche.
> hanser-fachbuch.de/newsletter

NEU

Robert Weller

Content Design im Online-Marketing

Wie Gestaltung die Conversion beeinflusst

→ Content & Design als Einheit: perfekt auf das Marketing-Ziel ausgerichtet
→ Wichtiges Thema für Online-Marketer und -Designer gleichermaßen
→ Mit Beispielen, Best Practices, Worksheets und Checklisten
→ Themen: Gestaltungs- & Marketinggrundlagen, Design im Marketing, Content Marketing, Conversion Optimierung etc.

Erscheint 05/2016
ca. 350 Seiten
FlexCover
Komplett in Farbe
ca. € 39,99
ISBN: 978-3-446-44295-5

E-Book inside

NEU

Gregor Meier

Pagespeed Optimierung

Schritt für Schritt zur schnelleren Website

Erscheint 03/2016
ca. 150 Seiten
FlexCover
ca. € 19,99
ISBN: 978-3-446-44822-3

E-Book inside

NEU

David Jardin, Elisa Foltyn

Joomla! 3

Professionelle Webentwicklung.
Aktuell zu Version 3.6

2., aktualisierte und erweiterte Auflage
Erscheint 06/2016
ca. 580 Seiten
FlexCover
ca. € 34,99
ISBN: 978-3-446-44015-9

E-Book inside

NEU Digital –Multimedial – Social

Pia Kleine Wieskamp

Storytelling: Digital – Multimedial – Social

Formen und Praxis für PR, Marketing, TV, Game und Social Media

Erscheint 06/2016
ca. 250 Seiten
Broschur
Komplett in Farbe
ca. € 29,99
ISBN: 978-3-446-44645-8

E-Book inside

Robert Prediger, Ralph Winzinger

Node.js

Professionell hochperformante Software entwickeln

368 Seiten
FlexCover
€ 34,99
ISBN 978-3-446-43722-7

E-Book inside

NEU

E-Book inside

Karolina Schilling

Apps machen

Der Kompaktkurs für Designer: Von der Idee bis zum klickbaren Prototyp

→ Sie wollen eine App in die Welt bringen? Sie brauchen ein App-Konzept? Sie wollen eine App gestalten? Sie arbeiten mit App-Entwicklern an einem App-Projekt? Oder Sie kümmern sich um die App Ihres Kunden?
→ Sie brauchen Wissen, wie Sie von der Idee zu einem App-Prototyp kommen und wie Sie diesen testen, bevor die kostenintensive App-Entwicklung beginnt
→ In »Apps machen« erhalten Sie Einblick, Wissen und praktische Tipps zum gesamten App-Entstehungsprozess

Erscheint 03/2016
ca. 300 Seiten
FlexCover
Komplett in Farbe
ca. € 39,99
ISBN: 978-3-446-44574-1

Thomas Sillmann

Apps für iOS 9 professionell entwickeln

Sauberen Code schreiben mit Objective-C und Swift

2., aktualisierte und erweiterte Auflage
718 Seiten
FlexCover
€ 44,99
ISBN: 978-3-446-44566-6

NEU

Bengt Weiße

AngularJS & Ionic Framework

Hybride App-Entwicklung mit JavaScript und HTML5

345 Seiten
FlexCover
€ 34,99
ISBN: 978-3-446-44671-7

Manuel Ziegler

Sicher in sozialen Netzwerken

Vom Cybermobbing bis zur staatlichen Überwachung – Tipps & Anleitungen zum Schutz persönlicher Daten

324 Seiten
Broschur
€ 19,99
ISBN: 978-3-446-44431-7

Manuel Ziegler

Web Hacking

Sicherheitslücken in Webanwendungen – Lösungswege für Entwickler. Mit Playground im Internet.

217 Seiten
FlexCover
€ 29,99
ISBN: 978-3-446-44017-3

E-Book inside

NEU

Gernot Starke, Peter Hruschka

arc42 in Aktion

Tipps und Taktiken zum effektiven Einsatz

→ Der Praxiseinsatz von arc42 - dem Template für Softwarearchitekturen
→ Sie finden konkrete Maßnahmen und Praktiken, um arc42 sowohl zur effektiven Kommunikation und Dokumentation wie auch zur Konstruktion und Entwicklung von Systemen anzuwenden
→ Unmittelbarer Nutzen für die tägliche Arbeit

Erscheint 03/2016
ca. 150 Seiten
Broschur
ca. € 19,99
ISBN: 978-3-446-44801-8

E-Book inside

Stefan Zörner

Softwarearchitekturen dokumentieren und kommunizieren

Entwürfe, Entscheidungen und Lösungen nachvollziehbar und wirkungsvoll festhalten

2., überarbeitete und erweiterte Auflage
291 Seiten. FlexCover
€ 34,99
ISBN 978-3-446-44348-8

E-Book inside

Stefan Toth

Vorgehensmuster für Softwarearchitektur

Kombinierbare Praktiken in Zeiten von Agile und Lean

2., aktualisierte und erweiterte Auflage
268 Seiten
FlexCover
€ 34,99
ISBN 978-3-446-44395-2

E-Book inside

Gernot Starke

Effektive Softwarearchitekturen

Ein praktischer Leitfaden

7., überarbeitete Auflage
458 Seiten
FlexCover
€ 44,99
ISBN 978-3-446-44361-7

E-Book inside

Peter Hruschka

Business Analysis und Requirements Engineering

Produkte und Prozesse nachhaltig verbessern

349 Seiten
FlexCover
€ 34,99
ISBN: 978-3-446-43807-1

E-Book inside

NEU

Jonas Richartz

Spiele entwickeln mit Unreal Engine 4

Programmierung mit Blueprints
Grundlagen & fortgeschrittene Techniken

→ Spiele erstellen für Desktop, Konsolen, Web und Mobile
→ Von den Grundlagen bis zum fertigen Spiel
→ Mit vielen Aufgaben, Beispielen und hilfreichen Tipps & Tricks
→ Beispielanwendung: Entwicklung eines Spiels von A bis Z

Erscheint 05/2016
ca. 400 Seiten
FlexCover
Komplett in Farbe
ca. € 39,99
ISBN 978-3-446-44635-9

E-Book inside

Carsten Seifert

Spiele entwickeln mit Unity 5

2D- und 3D-Games mit Unity und
C# für Desktop, Web & Mobile

→ Für alle, die ihr eigenes Spiel entwickeln wollen
→ Vorkenntnisse sind nicht erforderlich
→ Im Internet: die Games aus dem Buch mit allen Ressourcen, Video-
tutorials zur Vertiefung und weitere Beispiele, Zusatzmaterialien

2., aktualisierte und erweiterte Auflage
631 Seiten
FlexCover
Komplett in Farbe
€ 39,99
ISBN 978-3-446-44563-5

E-Book inside

NEU

Heiko Kalista

C++
für Spieleprogrammierer

5., aktualisierte und
erweiterte Auflage
517 Seiten
FlexCover
€ 34,99
ISBN 978-3-446-44644-1

Gunther Rehfeld

Game Design
und Produktion

Grundlagen, Anwendungen
und Beispiele

256 Seiten
Broschur
€ 29,99
ISBN 978-3-446-43163-8

E-Book inside

Thomas Sillmann
Swift im Detail

→ Für alle, die in Apples neue Programmiersprache einsteigen wollen: iOS-/OS X-Entwickler, (App-)Entwickler aller Couleur, Einsteiger ohne Programmierkenntnisse
→ Von den Basics bis zu fortgeschrittenen Techniken
→ Mit zahlreichen Vergleichen zu Objective-C
→ Code-Beispiele und zusätzliche Infos sind auf der Autorenwebsite abrufbar

346 Seiten
FlexCover
€ 29,99
ISBN: 978-3-446-44294-8

E-Book inside

Dietmar Ratz, Jens Scheffler, Detlef Seese, Jan Wiesenberger
Grundkurs Programmieren in Java

7., überarbeitete und erweiterte Auflage
745 Seiten
FlexCover
€ 34,99
ISBN 978-3-446-44073-9

E-Book inside

Dirk Louis, Peter Müller
Java
Eine Einführung in die Programmierung

495 Seiten
Mit DVD
Broschur
€ 19,99
ISBN: 978-3-446-43854-5

E-Book inside

Rainer Oechsle
Parallele und verteilte Anwendungen in Java

4., neu bearbeitete Auflage
442 Seiten
Broschur
€ 39,99
ISBN 978-3-446-43888-0

E-Book inside

Florian Siebler
Design Patterns mit Java
Eine Einführung in Entwurfsmuster

327 Seiten
FlexCover
€ 29,99
ISBN 978-3-446-43616-9

E-Book inside

Ulrich Breymann

Der C++-Programmierer

C++ lernen – professionell anwenden – Lösungen nutzen

→ Ein Praxisbuch für alle Ansprüche – mehr brauchen Einsteiger und Profis nicht
→ Stellt Grundlagen und fortgeschrittene Themen der C++-Programmierung vor und zeigt, welche Unterstützung professionelle Softwareentwickler in der Teamarbeit benötigen
→ Entspricht dem ISO- Standard C++11
→ Enthält über 150 praktische Lösungen für typische Aufgabenstellungen und 90 Übungsaufgaben – inkl. Musterlösungen

4., überarbeitete und erweiterte Auflage
992 Seiten. FlexCover
€ 39,99
ISBN: 978-3-446-44346-4

E-Book inside

Bjarne Stroustrup

Die C++-Programmier-sprache

Aktuell zu C++11

1.467 Seiten
FlexCover
Durchgehend zweifarbig
€ 49,99
ISBN 978-3-446-43961-0

E-Book inside

Bjarne Stroustrup

Eine Tour durch C++

Die kurze Einführung in den neuen Standard C++11

200 Seiten
FlexCover
Durchgehend zweifarbig
€ 24,99
ISBN 978-3-446-43962-7

E-Book inside

Bernd Klein

Einführung in Python 3

Für Ein- und Umsteiger

2., überarbeitete und erweiterte Auflage
512 Seiten
FlexCover
€ 24,99
ISBN: 978-3-446-44133-0

E-Book inside

Warren Sande, Carter Sande

Hello World!

Programmieren für Kids und andere Anfänger

2., aktualisierte und erweiterte Auflage
501 Seiten. Mit CD
FlexCover
Komplett in Farbe
€ 29,99
ISBN 978-3-446-43806-4

E-Book inside

Rüdiger Schreiner

Computernetzwerke

Von den Grundlagen zur Funktion und Anwendung

→ Das Top-Standardwerk für Einsteiger und (künftige) Administratoren von Computersystemen und -netzwerken
→ Vermittelt das nötige Know-how, um Netzwerke, ob in großen Umgebungen oder zu Hause, von Grund auf verstehen zu lernen
→ Fundiert, kompakt und verständlich erklärt, unterhaltsam geschrieben
→ Mit vertiefenden Exkursen, Beispielszenarien und Fehleranalysen
→ Mit Übungen und Repetitorien

5., erweiterte Auflage
330 Seiten. FlexCover
€ 24,99
ISBN 978-3-446-44132-3

E-Book inside

Anatol Badach, Erwin Hoffmann

Technik der IP-Netze

Internet-Kommunikation in Theorie und Einsatz

3., überarbeitete und erweiterte Auflage
812 Seiten
FlexCover
€ 49,99
ISBN 978-3-446-43976-4

E-Book inside

Anatol Badach, Sebastian Rieger

Netzwerkprojekte

Planung, Realisierung, Dokumentation und Sicherheit von Netzwerken

512 Seiten
FlexCover
€ 34,99
ISBN 978-3-446-40487-8

E-Book inside

Wolfgang Riggert

Rechnernetze

Grundlagen
Ethernet
Internet

5., aktualisierte Auflage
281 Seiten
Broschur
€ 29,99
ISBN 978-3-446-44204-7

E-Book inside

NEU

Jörg Fischer, Christian Sailer

VoIP Praxisleitfaden

IP-Kommunikation aus der Cloud, im WEB und mobil planen, implementieren und betreiben

2., überarbeitete und erweiterte Auflage
Erscheint 04/2016
ca. 500 Seiten. FlexCover
ca. € 49,99
ISBN: 978-3-446-44491-1

E-Book inside

NEU

Holger Schwichtenberg

Windows PowerShell 5.0

Das Praxisbuch

→ Windows PowerShell als Microsofts mächtige Lösung für die kommando-
  zeilenbasierte Administration und Scripting in Windows
→ Eine schrittweise Einführung in die Automatisierung administrativer Aufgaben
→ Das Buch wurde auf PowerShell 5.0 aktualisiert und erweitert, kann aber
  auch für die Vorgängerversionen verwendet werden; die Unterschiede sind
  im Buch beschrieben

Erscheint 04/2016
ca. 1.000 Seiten
FlexCover
ca. € 49,99
ISBN 978-3-446-44643-4

E-Book inside

NEU

Ulrich B. Boddenberg

**Microsoft Cloud im
Unternehmen:
Office 365, Azure,
Power BI, Intune**

Business Cases, Architektur &
Planung, Hybride Lösungen,
Management

Erscheint 04/2016
ca. 800 Seiten. FlexCover
ca. € 69,99
ISBN: 978-3-446-44236-8

E-Book inside

NEU

Holger Schwichtenberg

**Windows Scripting
lernen**

Von Windows Script Host
und Visual Basic Script bis
zur Windows PowerShell

Erscheint 05/2016
ca. 500 Seiten
FlexCover
ca. € 34,99
ISBN: 978-3-446-44800-1

E-Book inside

Jamal Baydaoui

**Webseiten entwickeln
mit ASP.NET**

Eine Einführung mit
umfangreichem Beispiel-
projekt. Alle Codes in
Visual Basic und C#

316 Seiten
FlexCover
€ 34,99
ISBN 978-3-446-43723-4

E-Book inside

NETWORK SHARE CHAT TWEET

HANSER UPDATE

FOLLOW RATING LIKE SEARCH

Unser IT-Blog auf update.hanser-fachbuch.de

Ulrich B. Boddenberg

SQL Server 2014 für Professionals

Hochverfügbarkeit, Cloud-Szenarien, Backup/Restore,
Monitoring & Performance, Dimensionierung

→ Optimaler Begleiter für die Planung, Umsetzung und/oder
Wartung des SQL Server
→ Bietet einen thematisch ganzheitlichen Überblick bis hin zu
Cloud-Szenarien
→ Informiert von Thema zu Thema über Hintergründe und Funktions-
weisen und zeigt anschließend die praktische Umsetzung

634 Seiten
FlexCover
€ 59,99
ISBN 978-3-446-44262-7

E-Book inside

Klemens Konopasek

SQL Server 2014

Der schnelle Einstieg

761 Seiten
FlexCover
€ 34,99
ISBN 978-3-446-43938-2

E-Book inside

NEU

M. Hotzy, A. Held, M. Adar,
C. Antognini, R. Egner,
M. Flechtner, A. Gallwitz,
S. Oehrli, D. Steiger

Der Oracle DBA

Handbuch für die Administration
der Oracle Datenbank 12c

2., überarbeitete Auflage
Erscheint 04/2016
800 Seiten. FlexCover
€ 69,99
ISBN: 978-3-446-44344-0

E-Book inside

Thomas Kudraß (Hrsg.)

**Taschenbuch
Datenbanken**

2., neu bearbeitete Auflage
576 Seiten
Flexibler Einband
€ 29,99
ISBN 978-3-446-43508-7

Ralf Adams

SQL

Eine Einführung mit
vertiefenden Exkursen

459 Seiten
FlexCover
€ 29,90
ISBN: 978-3-446-43200-0

E-Book inside

Jakob Freund, Bernd Rücker

Praxishandbuch BPMN 2.0

→ Starten Sie mit diesem topaktuellen Führer in die Welt der BPMN 2.0 und profitieren Sie von der Praxiserfahrung der Autoren
→ Lernen Sie nicht nur die Notation kennen, sondern auch alles, was damit zusammenhängt: Fachliche Prozessmodellierung, Prozessautomatisierung und Business-IT-Alignment
→ Neu in der 4. Auflage: Überarbeitung des beliebten BPMN-Methodenframeworks
→ Zum Heraustrennen: Übersicht über die wichtigsten Symbole der BPMN 2.0

4., aktualisierte Auflage
296 Seiten
FlexCover
€ 34,99
ISBN 978-3-446-44255-9

E-Book inside

Chris Rupp, die SOPHISTen

Requirements-Engineering und -Management

Aus der Praxis von klassisch bis agil

6., aktualisierte und erweiterte Auflage
570 Seiten
FlexCover
Komplett in Farbe
€ 49,99
ISBN 978-3-446-43893-4

E-Book inside

Chris Rupp, Stefan Queins, die SOPHISTen

UML 2 glasklar

Praxiswissen für die UML-Modellierung

4., aktualisierte und erweiterte Auflage
580 Seiten. FlexCover
Inkl. der wichtigsten Notations-elemente der UML z. Heraustrennen
€ 34,90
ISBN 978-3-446-43057-0

E-Book inside

ALLE BÜCHER GIBT ES AUCH ALS E-BOOK!

fachbuch.hanser-ebooks.de

NEU

Inge Hanschke, Gunnar Giesinger, Daniel Goetze

Business Analyse – einfach und effektiv

Geschäftsanforderungen verstehen und in IT-Lösungen umsetzen

→ Unternehmen müssen in der Lage sein, sich zu verändern und an die jeweiligen Markt- und Wirtschaftsbedingungen schnell anzupassen
→ Unnötige Doppelarbeiten und wertvernichtende Projekte werden vermieden; so entstehen Freiräume für strategische Vorhaben

2., überarbeitete und erweiterte Auflage
347 Seiten
FlexCover
€ 39,99
ISBN: 978-3-446-44345-7

Inge Hanschke

Strategisches Management der IT-Landschaft

Ein praktischer Leitfaden für das Enterprise Architecture Management

3., aktualisierte und erweiterte Auflage
646 Seiten. FlexCover
€ 49,99
ISBN 978-3-446-43509-4

E-Book inside

Inge Hanschke

Lean IT-Management – einfach und effektiv

Der Erfolgsfaktor für ein wirksames IT-Management

496 Seiten
FlexCover
€ 49,99
ISBN 978-3-446-44071-5

E-Book inside

Inge Hanschke

Enterprise Architecture Management – einfach und effektiv

Ein praktischer Leitfaden für die Einführung von EAM

343 Seiten
FlexCover
€ 34,90
ISBN 978-3-446-42694-8

E-Book inside

Inge Hanschke, Rainer Lorenz

Strategisches Prozessmanagement – einfach und effektiv

Ein praktischer Leitfaden

248 Seiten
FlexCover
€ 34,90
ISBN 978-3-446-42695-5

E-Book inside

NEU

Ernst Tiemeyer

Handbuch IT-Systemmanagement

Handlungsfelder, Prozesse, Managementinstrumente, Good-Practices

→ Die Erfahrungen der Praxis zeigen: Ein effizientes und ganzheitliches Management der installierten IT-Systeme ist heute unverzichtbar
→ IT-Anwendungen unterstützen die Geschäftsprozesse der Wirtschaftsunternehmen und der Dienstleistungsbetriebe
→ Zeigt alle Varianten von IT-Systemen und geht auf Besonderheiten mit gezieltem Praxisbezug ein

Erscheint 02/2016
ca. 700 Seiten
FlexCover
ca. € 69,99
ISBN: 978-3-446-43444-8

E-Book inside

Ernst Tiemeyer (Hrsg.)

Handbuch IT-Projektmanagement

Vorgehensmodelle, Managementinstrumente, Good Practices

2., überarbeitete und erweiterte Auflage
780 Seiten. FlexCover
€ 49,99
ISBN 978-3-446-44074-6

E-Book inside

Ernst Tiemeyer

Handbuch IT-Management

Konzepte, Methoden, Lösungen und Arbeitshilfen für die Praxis

5., überarbeitete und erweiterte Auflage
830 Seiten
FlexCover
€ 59,99
ISBN: 978-3-446-43557-5

E-Book inside

Martin Beims, Michael Ziegenbein

IT-Service-Management in der Praxis mit ITIL®

Der Einsatz von ITIL® Edition 2011, ISO/IEC 20000:2011, COBIT® 5 und PRINCE2®

4., überarbeitete und erweiterte Auflage
414 Seiten. FlexCover
€ 49,99
ISBN 978-3-446-44137-8

NEU

Manuela Reiss, Georg Reiss

Praxisbuch IT-Dokumentation

Vom Betriebshandbuch bis zum Dokumentationsmanagement – die Dokumentation im Griff

2., aktualisierte und erweiterte Auflage
447 Seiten
FlexCover
€ 44,99
ISBN 978-3-446-44599-4

Tom DeMarco

Als auf der Welt das Licht ausging

Ein Wissenschafts-Thriller

»Der Weltuntergang steht bevor, aber nicht so, wie Sie denken. Dieser Krieg jagt nicht alles in die Luft, sondern schaltet alles ab.«

Übersetzt aus dem Amerikanischen von Andreas Brandhorst

652 Seiten. Broschur
€ 19,99
ISBN 978-3-446-43960-3

Tom DeMarco, Timothy Lister

Wien wartet auf Dich!

Produktive Projekte und Teams

➜ Revolutionärer Software-Management-Bestseller jetzt in Neuauflage
➜ »Lebensnotwendige« Erkenntnisse aus der Softwareentwicklung – unterhaltsam zu lesen
➜ Inkl. sechs neuer Kapitel und erstmalig mit kostenlosem E-Book inside

Übersetzt aus dem Englischen von Peter Hruschka

3., überarbeitete und erweiterte Auflage
274 Seiten. FlexCover
€ 19,99
ISBN 978-3-446-43895-8

E-Book inside

Bestseller

Tom DeMarco

Der Termin

Ein Roman über Projektmanagement

➜ Über Prinzipien und Absurditäten, die die Produktivität eines Software-Entwicklungsteams beeinflussen
➜ Managementmethoden auf dem Prüfstand

Übersetzt aus dem Englischen von Doris Märtin

272 Seiten. FlexCover
€ 19,90
ISBN 978-3-446-41439-6

Tom DeMarco, Timothy Lister

Bärentango

Mit Risikomanagement Projekte zum Erfolg führen

→ Lernen Sie, wie man Risiken identifiziert und ihnen begegnet, bevor sie zu Problemen werden
→ Konkrete Strategien im Umgang mit den häufigsten Risiken in Softwareprojekten

Übersetzt aus dem Englischen von Doris Märtin

234 Seiten. FlexCover
€ 19,90
ISBN 978-3-446-22333-2

Tom DeMarco

Spielräume

Projektmanagement jenseits von Burn-out, Stress und Effizienzwahn

→ Tipps, wie Manager ihre Organisationen sehr viel flexibler machen können
→ Strategien, wie man Spielräume in den Arbeitsalltag des Unternehmens einführen kann, damit es überlebensfähig bleibt und schnell auf Veränderungen reagieren kann

Übersetzt aus dem Englischen von Doris Märtin

224 Seiten. FlexCover
€ 19,90
ISBN 978-3-446-21665-5

Tom DeMarco, Peter Hruschka, Timothy Lister, Steve McMenamin, James Robertson, Suzanne Robertson

Adrenalin-Junkies und Formular-Zombies

Typisches Verhalten in Projekten

→ Tausende von Projekten unter die Lupe genommen durch die Mitglieder der Atlantic Systems Guild
→ Die Beschreibung typischer Verhaltensweisen in Softwareentwicklungs-Projekten, schädliche wie nützliche
→ Verhaltensmuster in Projekten – einige sind sehr konstruktiv, andere einfach dumm

Übersetzt aus dem Englischen von Dirk Wittke

228 Seiten. Komplett in Farbe. FlexCover
€ 24,90
ISBN 978-3-446-41254-5

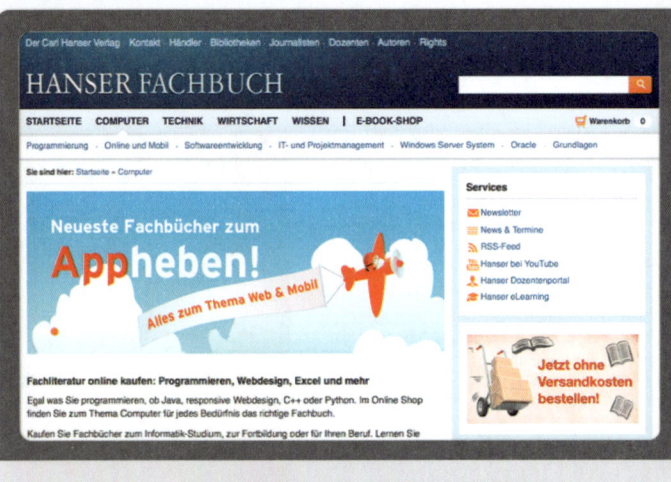

Um die Ladezeit zu optimieren, sollten die CSS-Dateien zu einer einzigen Datei zusammengefasst werden. Das ist relativ einfach. Sehen Sie einfach im HTML-Quelltext (RECHTSKLICK IM BROWSER UND "QUELLTEXT ANZEIGEN" WÄHLEN) nach, welche CSS-Dateien verwendet werden. Kopieren Sie nun den Inhalt dieser Dateien in eine eigene, neue *style.css*-Datei.

Wie kann man CSS-Dateien finden?

Zum einen können Sie mit QUELLTEXT ANZEIGEN im Browser erkennen, welche CSS-Dateien aufgerufen werden.

Bei einer Analyse über *http://www.webpagetest.org* sehen Sie ebenfalls, welche externen CSS-Dateien geladen werden. Der Vorteil dabei ist, dass Sie Ihnen gleich der absolute Pfad der jeweiligen Datei angezeigt wird.

Zuerst sollten Sie alle Inhalte der CSS-Dateien in die neue Datei kopieren. Sie brauchen dazu nicht zwingend mit FTP auf den Server zuzugreifen. Sie können die URLs direkt im Browser aufrufen. Ich empfehle, dass Sie die Dateien in der Reihenfolge kopieren, in der sie bis jetzt aufgerufen werden. Eine evtl. vorhandene Datei mit der Angabe `media="print"`, meist heißt diese *print.css* sollten Sie nicht mit in die zusammengefasste Datei geben, das verursacht Fehler. Wie Sie mit dieser Datei am besten umgehen, erfahren Sie in Kapitel 6.5.

Wenn Sie die CSS-Datei noch nicht reduziert haben (siehe Kapitel 6.2), können Sie die zusammengefasste Datei noch mit *http://www.cssminify.com* verkleinern. Speichern Sie die Datei unter einem neuen Namen ab, z. B. *style-combined.css*. Diese Datei laden Sie mit einem FTP-Client (siehe Abschnitt 3.5, *FTP-Client*) auf den Webserver hoch.

Nun müssen wir unserer Webseite sagen, dass sie nur noch diese einzelne Datei verwenden soll. Je nach verwendetem CMS müssen Sie diese Information an unterschiedlichen Orten eintragen.

In Wordpress müssen Sie unter DESIGN > EDITOR in den einzelnen Dateien suchen, wo das Template die CSS-Dateien lädt. In den meisten Fällen ist dies in *functions.php*, aber leider nicht immer.

Wenn Sie die Zeile gefunden haben, in der die Styles geladen werden, können Sie das Laden unterbinden, indem Sie die jeweilige Zeile auskommentieren. Setzen Sie dazu einfach // vor den Befehl, z. B. so:

```
//wp_enqueue_style( 'beyond_bootstrap-theme', get_template_directory_uri().'/css/
bootstrap-theme.min.css','','','all' );
```

In der Datei „header.php" können Sie dann Ihre neue Datei mit dem kombinierten CSS einbinden; am besten direkt vor dem </head>-Tag.

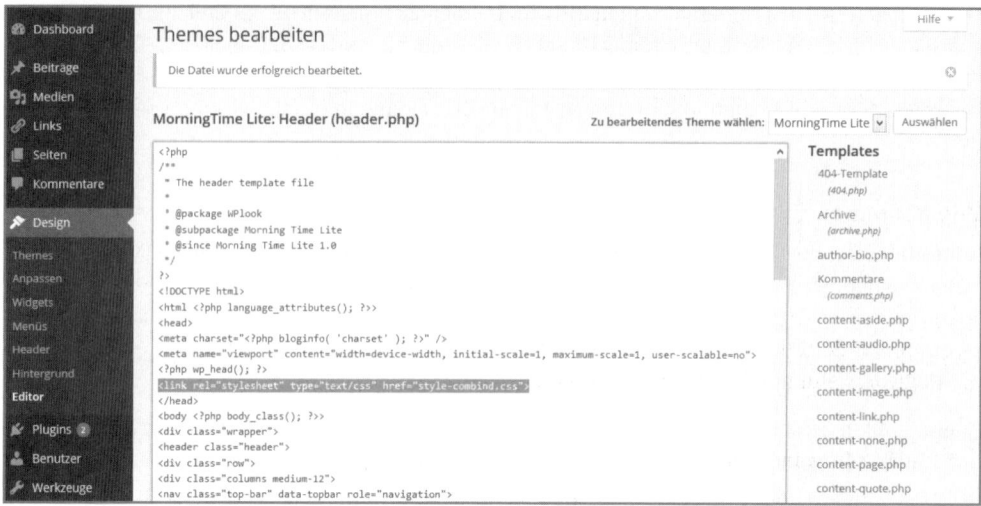

Bild 6.4 Wordpress: Kombinierte CSS-Datei einfügen

Bei Wordpress gibt es verschiedene Plug-ins, die diese Arbeit für uns übernehmen können. Wer es aber lieber à la Ferrari in Handarbeit macht, kann das recht einfach tun, auch wenn diese Methode nicht ganz lehrbuchartig ist.

Wenn man ein Theme in dieser Weise bearbeitet, darf man es allerdings nicht mehr aktualisieren, sonst gehen die Änderungen verloren.

■ 6.4 Wordpress – Deque CSS

Suchen Sie alle CSS-Dateien, die Ihre Webseite verwendet. Diese finden Sie, wenn Sie im Quellcode nach „.css" suchen. Im Idealfall haben Sie diese Dateien, wie in Abschnitt 6.2, *CSS-Dateien reduzieren* beschrieben, bereits verkleinert.

Kopieren Sie den Inhalt aller Dateien in eine neue Datei. Im </head> Ihrer Webseite fügen Sie nun einen Link zu diesem Dokument ein:

```
<link rel="stylesheet" href="ihredatei.css">
```

In Wordpress finden Sie den <head> unter DESIGN > EDITOR > HEADER.PHP.

Sämtliche anderen CSS-Dateien können Sie aus dem Header entfernen, ebenso alle CSS-Dateien, die von Plug-ins geladen werden. Sie können das am einfachsten bewerkstelligen, indem Sie folgende Zeilen am Ende der *functions.php* hinzufügen:

Listing 6.3 Wordpress functions.php

```
function PREFIX_remove_scripts() {
    wp_dequeue_style( 'screen' );
    wp_deregister_style( 'screen' );

    }
add_action( 'wp_enqueue_scripts', 'PREFIX_remove_scripts', 20 );
```

Nun benötigt unsere Webseite nur noch eine Anfrage, um das ganze CSS zu laden. Um sogar diese Anfrage zu sparen, kann der Inhalt der CSS-Datei direkt in das HTML im Head eingebunden werden. Das hat aber wiederum einen Nachteil: Eine externe CSS-Datei kann gecached werden, direkt eingebundenes CSS nicht. Daher empfiehlt sich diese Methode vorwiegend, wenn nur wenig CSS eingesetzt wird.

Wordpress-Tipp

Das Wordpress-Plug-in *Combine CSS*[1] kann diese Arbeit für Sie übernehmen. Leider kommt es bei solchen Plug-ins immer wieder zu Fehlern in der Darstellung. Das liegt hauptsächlich daran, dass Styles überschrieben werden.

Es ist besser, die CSS-Dateien von Hand zu kombinieren. Sie müssen allerdings bei jedem neu installierten Plug-in, das ein eigenes CSS verwendet, den Vorgang wiederholen.

■ 6.5 print.css, mobile.css usw. nicht auf allen Seiten mitladen

Responsive Design, also das automatische Anpassen des Designs an das jeweilige Medium, ist wichtig, da Ihre Webseite auf jeder Bildschirmgröße möglichst optimal angezeigt werden soll.

Manche Webseiten verwenden ein spezielles *print.css*. In diesem Stylesheet wird festgelegt, wie eine Webseite aussehen soll, wenn sie ausgedruckt wird. In der Regel werden Webseiten nicht ausgedruckt, aber es gibt doch Bereiche, wo dies häufiger vorkommt, z. B. bei Bestellbestätigungen. Wenn Sie dafür ein print.css erstellen wollen, damit diese Seite gemäß Ihren Vorstellungen ausgedruckt wird, sollten Sie dieses CSS nur auf dieser Seite laden.

Grundsätzlich sollte auf die Verwendung von Print-Stylesheets besser verzichtet werden. Browser sind so gut, dass sie in der Lage sind, eine Webseite druckbar darzustellen, selbst wenn das eine oder andere Element nicht ideal formatiert ist.

Zur Not können im „normalen" CSS mit @media print verschiedene Elemente anders formatiert werden, wenn eine Seite ausgedruckt werden soll.

---

[1] *https://de.wordpress.org/plugins/combine-css/*

Dasselbe gilt für *mobile.css*. Viele Wordpress-Themes verwende eine solche Datei. Es ist unnötig, eine CSS-Datei auf einem Gerät zu laden, das diese Datei ohnehin nie verwenden wird.

Grundsätzlich gilt: je weniger CSS-Dateien, desto besser. Wenn Sie mit möglichst wenigen Zeichen in beiden Dateien auskommen, ist das die perfekte Voraussetzung für eine schnelle Webseite.

■ 6.6 Ungenutzte CSS-Styles entfernen

Templates und Design-Frameworks wie Bootstrap können uns bei der Erstellung unserer Webseite viel Zeit und Geld sparen. Allerdings sind sie nicht nur an Ihre Bedürfnisse angepasst, sondern an die Anforderungen verschiedener Webseitenbetreiber.

Wenn Sie mit Templates oder Design-Frameworks arbeiten, enthalten CSS-Dateien Definitionen, die Sie auf Ihrer Webseite nicht verwenden. Beispielsweise ist festgelegt, wie eine Tabelle aussehen soll. Wenn Sie auf Ihrer Seite gar keine Tabelle verwenden, ist diese Definition trotzdem enthalten und muss mitgeladen werden.

Um diese ungenutzten CSS-Styles zu entfernen, gibt es mehrere Tools. Zwei davon möchte ich vorstellen, *unused-css.com* und *Dust-Me*.

6.6.1 unused-css.com

Mit dem Tool *http://unused-css.com* können Sie analysieren, welche CSS-Definitionen auf Ihrer Webseite vorhanden sind und welche tatsächlich verwendet werden. Das Ergebnis wird für jede CSS-Datei angezeigt. Das Tool analysiert entweder eine einzelne Seite oder sämtliche Seiten einer Domain.

Das Ergebnis ist zunächst eine Grafik, die zeigt, wie viele der in der CSS-Datei vorhandenen Definitionen tatsächlich auf der Seite irgendwo genutzt werden.

The **cleaned CSS file size** is 53% smaller

36% of the **CSS selectors** are used

Bild 6.5 Analyse einer Webseite mit *unused-css.com*

Das bedeutet, wir haben hier eine CSS-Datei, die vielleicht so aussieht:

```
h1 {
    font-size: 250%;
}

h2 {
    font-size: 200%;
}

h3 {
    font-size: 200%;
}
p {
    font-size: 100%;
}
```

In HTML wird aber nur ein Teil dieser Definitionen verwendet:

```
<body>
<h1>Herzlich willkommen</h1>
<p>Das ist ein Absatz</p>
</body>
```

In diesem Beispiel werden h2 und h3 überhaupt nicht verwendet und können weggelassen werden. Gibt es in einer CSS-Datei viele derartige Definitionen, kann dadurch einiges an Daten gespart werden.

Sie können eine bereinigte CSS-Datei herunterladen, die nur noch die verwendeten Definitionen enthält. Allerdings ist diese Funktion den bezahlenden Nutzern vorbehalten. Der Preis für ein 30-Tage-Ticket liegt bei 29 Euro (Stand März 2016).

Im Vergleich zum nachfolgend beschriebenen Tool Dust-Me hat unused-css.com einige Vorteile. So werden nicht nur Definitionen berücksichtigt, die aus HTML aufgerufen werden, sondern auch CSS-Definitionen, die aus JavaScript angerufen werden. Das ist wichtig, weil CSS-Styles nicht nur in HTML verwendet werden können. Es kann vorkommen, dass JavaScript-Dateien HTML-Inhalte ändern, die dann andere CSS-Definitionen benötigen.

6.6.2 Dust-Me

Eine weitere Möglichkeit, ungenutzte CSS-Definitionen zu finden, bietet das kostenlose Tool Dust-Me, welches als Add-on für Firefox und Opera zur Verfügung steht. Befindet man sich auf einer Webseite, wird Dust-Me durch einen Klick auf das Dust-Me-Symbol gestartet. Damit werden die CSS-Definitionen analysiert, die von der Seite verwendet werden, auf der man sich gerade befindet. Unterseiten werden nicht berücksichtigt.

Dust-Me Data

View data for: amazon.de

Unused Selectors   Used Selectors   Spider Log

http://z-ecx.images-amazon.com/images/G/01/AUIClients
/NavAuiBeaconbeltAssets-
fc273c0a73fe3a91394a214ca5903574a8fe5fdd._V2_.css   Clean

⊞ **1400 unused selectors**

http://z-ecx.images-amazon.com/images/I/01h78L-
cgLL._RC|216JPxetzfL.css_.css   Clean

⊞ **81 unused selectors**

http://z-ecx.images-amazon.com/images/G/01/AUIClients/AmazonUI-
56b6a16418fc218c7dc0b5d1415aceb3886d80b4._V2_.css   Clean

⊞ **2124 unused selectors**

http://z-ecx.images-amazon.com/images/G/01/AUIClients
/AmazonGatewayHerotatorJS-
3ab0c90e530e4d1fbf2f125cc4924b9fea64a0c2._V2_.css   Clean

⊞ **14 unused selectors**

http://z-ecx.images-amazon.com/images/G/01/AUIClients
/AmazonGatewayAuiAssets-
3d5b6f366e05fa5c0b2f38dca7366948b0599a7b._V2_.css   Clean

⊞ **172 unused selectors**

Found 3,791 unused selectors among 5 stylesheets

Trash this site's data   Export selected data   Close

Bild 6.6 Dust-Me-Analyse von *amazon.com*

Möchten Sie Ihre gesamte Webseite samt Unterseiten durchforsten, müssen Sie den Prozess über **SPIDER SITEMAP** starten.

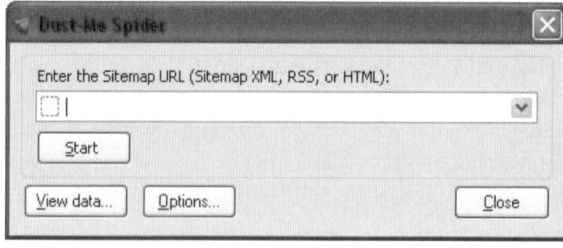

Dust-Me Spider

Enter the Sitemap URL (Sitemap XML, RSS, or HTML):

Start

View data...   Options...   Close

Bild 6.7
Dust-Me Spider für die Analyse von
Unterseiten

Wenn Sie auf einer Subdomain dieselbe CSS-Datei verwenden wie auf der Hauptdomain, kann Dust-Me diese Subdomain ebenfalls mit berücksichtigen.

Nun werden alle externen CSS-Dateien untersucht und geprüft, welche Definitionen genutzt werden und welche Definitionen ungenutzt vorhanden sind. Für jede einzelne CSS-Datei können Sie über den Button **CLEAN** eine saubere CSS-Datei exportieren. Diese Datei enthält nur noch die tatsächlich benötigten Style-Definitionen.

Das Plug-in hat im Gegensatz zum kostenpflichtigen Tool unused-css den Nachteil, dass es nicht gut mit reduzierten CSS-Dateien umgehen kann. Sie sollten also Dust-Me nutzen, bevor Sie die Dateien reduzieren.

Wenn Sie auf Ihrer Webseite regelmäßige Änderungen an der Gestaltung vornehmen möchten, empfehle ich, eine Kopie der Originaldatei zu behalten.

■ 6.7 CSS-Import vermeiden

CSS wird entweder direkt in HTML eingebunden oder in einer externen CSS-Datei gespeichert. Die externe Datei wird in der Regel über HTML mit dem Tag `<link rel="stylesheet" href="style.css">` eingebunden.

Zudem gibt es die Möglichkeit, mit @import Style-Definitionen aus anderen CSS-Dateien zu laden. Dazu wird in der CSS-Datei folgende Anweisung verwendet.

```
@import "style2.css";
```

Für den Browser bedeutet das, dass er erneut eine Anfrage an den Webserver senden muss, der Webserver behandelt diese und sendet die Response zurück. Es vergeht unnötig Zeit, da die Webseite nicht gerendert werden kann.

Ist es unumgänglich, eine weitere externe Datei zu laden, sollte diese ebenfalls in HTML über `<link>` eingebunden werden, denn im Gegensatz zu HTML merkt sich der Browser allerdings diese Dateien nicht. Importieren mehrere CSS-Dateien dieselbe Datei, muss diese mehrfach abgerufen werden.

■ 6.8 CSS nicht immer inline einbinden – aber wenn es sinnvoll ist

Wie wir wissen, benötigt jede externe CSS-Datei einen zusätzlichen Request. Daher ist es verständlich, dass von einigen Programmierern die Theorie vertreten wird, dass das gesamte CSS inline eingebunden werden soll.

In Wordpress gibt es einige Plug-ins, welche diesen Ansatz verfolgen. Der Inhalt sämtlicher CSS-Dateien wird dann zusammengefasst und in den HTML-Head geschrieben. Das hat auf den ersten Blick den Vorteil, dass dadurch ein Request gespart werden kann.

Bei genauerer Betrachtung hat diese Methode jedoch verschiedene Nachteile. Zum einen wird dabei die Hauptseite zu groß. Das erste Paket des HTTP-Response ist mit 14 kB begrenzt. In der Regel wird im ersten Paket der HTML-Code der Seite übertragen. Ist diese Datei größer, muss ihr Inhalt auf mehrere Pakete aufgeteilt werden. Achten Sie deshalb darauf, dass die Hauptseite nicht größer als 14 kB ist. Wenn das der Fall ist, dann sollten Sie CSS lieber extern einbinden.

Zum anderen ist das inline geschriebene CSS nicht caching-fähig. Das bedeutet, dass bei jedem neuerlichen Abruf, z.B. wenn der Besucher eine Unterseite ansehen möchte, das gesamte CSS erneut mitgeladen werden muss. Eine externe CSS-Datei dagegen ist caching-fähig.

Die ideale Lösung ist, nur das wichtigste CSS in den Head zu schreiben und den Rest später über eine externe Datei einzubinden. Wie wir dies einfach und elegant lösen können, erfahren Sie in Kapitel 9 „Critical Rendering Path".

■ 6.9 CSS nicht innerhalb von style-Attributen verwenden

Als Webprogrammierer kommt man hin und wieder in Versuchung, kleine Designänderungen für einzelne Elemente direkt im Element vorzunehmen. Das ist schnell, denn man muss nicht auf eventuelle Auswirkungen Rücksicht nehmen. Allerdings wirkt sich diese Methode negativ auf die Ladezeit einer Webseite aus. Werden mehrere ähnliche oder gar gleiche Elemente derart formatiert, kommen die Definitionen mehrfach vor.

```
<div style="ackground-color:blue; width:300px; height:200px; "></div>
<div style="background-color:blue; width:300px; height:100px;"></div>
```

Für diese zwei blauen Boxen benötigen wir 132 Zeichen. Das können wir einfacher und sauberer gestalten.

```
.box {background-color:blue; width:300px;height: 200px }
.box.small { height:100px;}
<div class="box"></div>
<div class="box small"></div>
```

So brauchen wir nur noch 106 Zeichen. Das mögen bei diesem kleinen Beispiel zwar nur 26 Zeichen Einsparung sein, aber das ist immerhin eine Reduzierung von 20 %. Diesen Wert müssen Sie nun auf eine Webseite aus der Praxis, mit einer CSS-Datei, die mehrere Hundert Zeilen hat, hochrechnen.

■ 6.10 CSS Sprites

Jedes Bild muss vom Browser angefragt und vom Webserver mit einem Response zurück an den Browser des Besuchers gesendet werden. Ähnlich wie mit Image-Maps kann man mit CSS mehrere Bilder in einer Bild-Datei zusammenfassen. Diese Technik nennt sich CSS Sprites. Sie erzeugen ein Element, welches dieses Bild als Hintergrund verwendet.

Dazu müssen Sie in CSS beispielsweise folgende Definition erstellen:

```
.bild1, .bild2 {
  background-image: url('../images/csssprite.jpg');
  background-repeat: no-repeat;
}
```

In einer zweiten Definition müssen Sie festlegen, wo sich auf dem zusammengefassten Bild Ihre ursprünglichen Bilder befinden. Dies könnte so aussehen:

```
#bild1 {
  height: 128px;
  width: 200px;
  background-position: -5px -5px;
}

#bild2 {
  height: 135px;
  width: 200px;
  background-position: -5px -143px;
}
```

Nun können Sie auf die einzelnen Teile, also die ursprünglichen Bilder, zugreifen.

```
<div id="bild1">
```

An dieser Stelle wird nun das erste Ihrer beiden Bilder erscheinen.

Ein kostenloses Tool, das Ihnen dabei behilflich ist, CSS Sprites zu erstellen, ist *http://www.csssprites.com*. Sie können mehrere Bilder hochladen. Diese werden zusammengefügt und Sie können sowohl das Bild als auch den passenden CSS-Code für die einzelnen Bilder herunterladen.

CSS SPRITES GENERATOR

Upload your images:
(note: please don't upload HUGE files, it's not the purpose of the sprites technique)

Durchsuchen...   Keine Datei ausgewählt.   Durchsuchen...   Keine Datei ausgewählt.

Durchsuchen...   Keine Datei ausgewählt.

NEED MORE?

± options »
Padding between elements: 10   px
Border around the whole image: 0   px
Align elements: ● left ○ top
Background color: ● transparent ○ RGB (255 , 255 , 255)

GENERATE!

Bild 6.8 *www.csssprites.com*

Wie bei Image-Mapgs gilt, dass CSS-Sprites aus Sicht der Suchmaschinenoptimierung nicht ideal sind. Zum einen sind es mehrere Bilder, die in einem Bild zusammengefasst werden, sodass Google nicht den Inhalt eines einzelnen Bildes erkennen kann. Zum anderen werden CSS Sprites als Hintergrundbilder verwendet. Diese sind naturgemäß weniger wichtiger als mit <img> eingebundene Bilder.

Sie sollten diese Technik nicht für wichtige Bilder wie Produktbilder verwenden. Sie ist eher für ergänzende Grafiken und Formen geeignet.

7 JavaScript optimieren

Aufwand:	Schwierigkeitsgrad:	Nutzen:
Mittel	Gering	Mittel

■ 7.1 Was ist JavaScript (JS)?

JavaScript ist eine der meistgenutzten Skriptsprachen für Webseiten. Viele Effekte wie Slider oder Animationen können wir mit JavaScript umsetzen. Der Programmcode wird im Browser ausgeführt.

JavaScript-Dateien (mit der Endung .js) enthalten Programmanweisungen für den Browser, die ihm sagen, dass sich die Farbe eines Buttons ändert, wenn man mit der Maus darüber fährt. Zwar könnten diese Effekte heute mit CSS gelöst werden, in der Praxis wird dafür oft nach wie vor JavaScript verwendet.

Mit JavaScript werden auch Fehlermeldungen angezeigt oder Formulareingaben auf ihre Richtigkeit überprüft. Darum muss der Webserver alle JavaScript-Dateien an den Browser senden.

Auch hier ist es wichtig, so wenige Daten wie möglich zu übertragen. Was wir sehr einfach weglassen können und somit nicht übertragen müssen, sind Leerzeichen, Leerzeilen und Kommentare. Dazu müssen wir unsere JavaScript-Dateien reduzieren.

■ 7.2 JavaScript reduzieren

Da JavaScript-Dateien für den Benutzer nicht sichtbar sind, müssen sie nicht schön aussehen oder formatiert sein.

Während der Programmierung einer Datei ist es wichtig, dass sich der Programmierer in dieser Datei zurechtfindet. Wenn er etwas ändern muss, will er möglichst schnell zu der Zeile gelangen, in der die notwendigen Änderungen vorgenommen werden sollen.

Arbeiten mehrere Programmierer zusammen, ist es hilfreich, mit Kommentaren, also Texthinweisen innerhalb des Programmiercodes zu arbeiten, damit jedes Teammitglied später sofort weiß, wer einen bestimmten Teil programmiert hat und welche Abhängigkeiten unter Umständen mit dieser Funktion verbunden sind.

In der Praxis sieht dies dann etwa so aus:

Listing 7.1 Beispiel einer JavaScript-Datei

```
function onBefore() {
                //Skript zur Animation des Sliders
                jQuery(".sliderheading").animate({        left :  "-640px" } );
                jQuery(".slidercontent").animate({        bottom : "-200px" } );
                jQuery(".sliderheading").animate({left :  "500px"  }, 3000 );
                jQuery(".slidercontent").animate({        bottom : "62px" }, 3000
                );


                }
                function onAfter(curr, next, opts){
                // Animation Ende
                }
```

So entstehen im JavaScipt-Code unnötige Zeichen, Leerzeichen und Leerzeilen. Bei jedem Aufruf der Seite müssen diese Zeichen übertragen werden. Sie sind überflüssig – jedenfalls für den laufenden Betrieb Ihrer Webseite.

Verwendet eine Webseite JavaScript, das derart formatiert ist, wird uns bei der Analyse mit Google PageSpeed Insights als Handlungsempfehlung *„JavaScript reduzieren"* angezeigt.

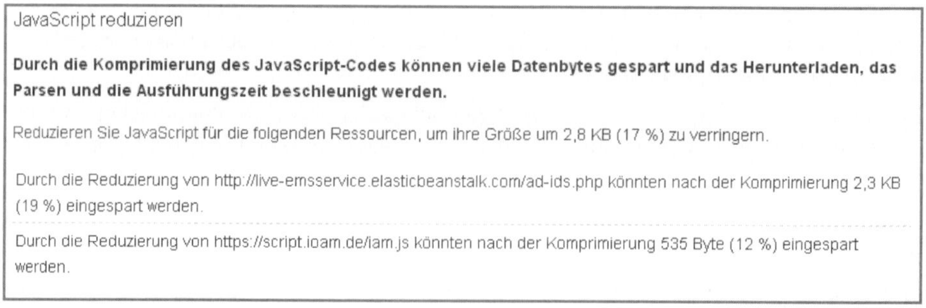

JavaScript reduzieren

Durch die Komprimierung des JavaScript-Codes können viele Datenbytes gespart und das Herunterladen, das Parsen und die Ausführungszeit beschleunigt werden.

Reduzieren Sie JavaScript für die folgenden Ressourcen, um ihre Größe um 2,8 KB (17 %) zu verringern.

Durch die Reduzierung von http://live-emsservice.elasticbeanstalk.com/ad-ids.php könnten nach der Komprimierung 2,3 KB (19 %) eingespart werden.

Durch die Reduzierung von https://script.ioam.de/iam.js könnten nach der Komprimierung 535 Byte (12 %) eingespart werden.

Bild 7.1 Google PageSpeed Insights zeigt JavaScript-Dateien an, die reduziert werden können.

7.2.1 Wie müssen Sie vorgehen?

Im ersten Schritt ist es erforderlich, diejenigen Dateien aufzuspüren, die reduziert werden können. Dazu kann man entweder alle .js-Dateien ansehen, oder Sie vertrauen auf Google. In PageSpeed Insights bekommen Sie diejenigen Dateien angezeigt, bei denen eine Reduzierung sinnvoll ist (siehe Bild 7.1).

Nun greifen Sie mittels FTP (siehe Kapitel 3.5, FTP-Client) auf genau diese Dateien zu und laden sie von Ihrem Webserver herunter. Erstellen Sie unbedingt eine Backup-Kopie.

Mit den kostenlosen Tools *http://www.jsmini.com* oder *http://www.javascript-minifier.com* reduzieren Sie JavaScript-Dateien. Beide Tools arbeiten auf die gleiche Weise.

Bild 7.2 jsmini.com – Screenshot

Öffnen Sie eine JavaScript-Datei nach der anderen mit einem Texteditor. Kopieren Sie nun den Inhalt Ihrer JavaScript-Dateien in das Feld auf der Webseite. Das Tool liefert Ihnen die reduzierte Version – ohne Leerzeilen, Leerzeichen und Kommentare. Diesen Inhalt können Sie in die gerade geöffnete Datei kopieren.

Nun laden Sie die Dateien wieder auf den Server. Kontrollieren Sie das Ergebnis mit Google PageSpeed Insights. Die Empfehlung „JavaScript reduzieren" sollte jetzt verschwunden sein und Sie sollten einige zusätzliche Punkte in der Gesamtbewertung erhalten haben.

7.2.2 Externe Dateien

Hin und wieder zeigt Google PageSpeed Insights externe JavaScript-Dateien an, die reduziert werden sollen.

Da sich diese Dokumente nicht auf Ihrem Webserver befinden, können Sie natürlich nicht darauf zugreifen. Bei manchen externen Skripten ist es möglich, diese auf den eigenen Server zu kopieren, beispielsweise bei Google Analytics (Google Analytics wird nicht gecached). Bei anderen externen Skripten, hauptsächlich von Werbenetzwerken, ist das nicht möglich. Wenn Sie diese Skripte verzögert laden, stören Sie zumindest nicht das Rendering (siehe Abschnitt 7.7). Natürlich können Sie den jeweiligen Anbieter darauf aufmerksam machen, dass seine Dateien zu verlangsamten Ladezeiten führen.

Diese Vorgehensweise ist vor allem für jene Webseitenbetreiber gedacht, die eher wenige JavaScript-Dateien verwenden und diese nicht oder nur sehr selten ändern. Wer auf seiner Seite viel JavaScript einsetzt, das er oft ändert, bekommt die Lösung in Abschnitt 7.6, *JavaScript-Optimierung automatisieren mit Grunt.*

■ 7.3 Nicht benötigtes JavaScript entfernen

Es ist kein Byte so klein wie dasjenige, das nicht übertragen wird. Aus diesem Grund sollten nur jene JavaScript-Dateien geladen werden, die eine Seite tatsächlich benötigt.

Leider ist es bei JavaScript nicht so einfach wie bei CSS, ungenutzte Codeteile ausfindig zu machen und zu entfernen. Der Grund dafür ist, dass Styles immer angewendet werden. In Skripten können Funktionen programmiert sein, die nur unter bestimmten Bedingungen, z. B. bei einem Mausklick oder zu einer vorgegebenen Tageszeit, ausgeführt werden.

Ein Tool, das JavaScript-Dateien analysieren kann und ungenutzte Funktionen aufzeigt, finden Sie unter *http://openwaf-js-mini.appspot.com.* Allerdings können Sie keine URL eingeben, sondern lediglich JavaScript einfügen. Um tatsächlich eine Seite zu testen, müssen Sie Skripte, die in HTML verwendet werden, zusammensuchen.

 Wordpress-Tipp: Emoji-Skript entfernen

Wordpress hat standardmäßig JavaScript-Code installiert, der aus Eingaben wie :-) verschiedene Smileys und andere lustige Symbole macht.

Wenn wir auf einer schnellen Webseite tatsächlich einen Smiley zeigen wollen, sollten wir ein JPG einfügen und nicht ein Skript auf der ganzen Seite laden, für eine Funktion, die wir vielleicht gar nicht verwenden.

Um das Emoji-Skript zu deaktivieren, müssen Sie einfach folgende Zeilen in das functions.php kopieren. Diese Datei finden Sie in Ihrem Wordpress-Backend unter DESIGN > EDITOR > THEME-FUNKTIONEN.

```
// emoji entfernen
remove_action( 'wp_head', 'print_emoji_detection_script', 7 );
remove_action( 'wp_print_styles', 'print_emoji_styles' );
```

■ 7.4 jQuery optimieren

jQuery ist eine Open Source-JavaScript-Bibliothek und eine tolle Erfindung. Sie macht das Leben von Webentwicklern leichter, Webseiten schöner und, wenn sie richtig eingesetzt wird, auch schneller. Leider sieht die Praxis nicht immer so rosig aus.

Zahlreiche Themes und Plug-ins von Wordpress und anderen Content-Management-Systemen nutzen JQuery. Die Entwicklung bleibt nicht stehen und so gibt es natürlich immer neue Versionen der jQuery-Bibliothek. Nicht jedes Theme oder Plug-in hält mit dieser Entwicklung Schritt.

Darum kann es vorkommen, dass verschiedene Teile der Webseite auf verschiedene jQuery-Versionen zurückgreifen, was dazu führt, dass mehrere jQuery-Dateien geladen werden.

Das ist in den meisten Fällen unnötig. Sie können direkt die reduzierte Version verwenden. Auf dem Google-Code-Server wird sie zur Verfügung gestellt. Viele Webseiten weltweit greifen auf diese Datei zu. Es ist sehr gut möglich, dass Ihr Besucher vor kurzem bereits eine Webseite mit dieser Datei besucht hat. Dann befindet sich in seinem Cache bereits die neueste Dateiversion und muss nicht erneut heruntergeladen werden. Das bedeutet eine kürzere Ladezeit.

Wenn Sie immer die neueste Version von jQuery laden, können in der Regel alle älteren Plug-ins problemlos damit arbeiten. Um das umzusetzen, müssen Sie beim jeweiligen Plug-in das Laden der jQuery-Datei blockieren oder löschen. Danach müssen Sie die aktuellste Version im Header laden.

Für die aktuelle Version 2.2.1:

```
<script src="https://ajax.googleapis.com/ajax/libs/jquery/2.2.1/jquery.min.js">
</script>
```

Für die Version 1.12.1 mit Kompatibilität für alte Internet Explorer-Versionen verwenden Sie diesen Code:

```
<script src="https://ajax.googleapis.com/ajax/libs/jquery/1.12.1/jquery.min.js">
</script>
```

Manche Webentwickler haben Angst davor, von externen Ressourcen abhängig zu sein. Die Einbindung der jQuery-Bibliothek und ähnlicher, häufig benutzter Bibliotheken bringt jedoch für die Ladezeit enorme Vorteile. Zum einen ist der Google-Server extrem schnell. Zum anderen verwenden unzählige Webseiten dieselbe Bibliothek.

Wenn Sie dennoch lieber einen Fallback einbauen möchten, der die Datei lokal lädt – falls der Google-Server vorübergehend nicht verfügbar ist –, können Sie dies mit folgendem Code tun.

Listing 7.2 JavaScript, um jQuery lokal zu laden, wenn es auf dem Google-Server nicht verfügbar ist.

```
<script src="https://ajax.googleapis.com/ajax/libs/jquery/2.1.4/jquery.min.js">
</script>
<script>
  if (typeof jQuery === 'undefined') {
  document.write(unescape('pfadzuihrerjquerydatei'));
  }
</script>
```

Natürlich müssen Sie `pfadzuihrerjquerydatei` noch durch die jQuery Datei ersetzen. Sie können eine lokale Datei verwenden oder jene von Google.

■ 7.5 JavaScript zusammenfassen

Wie wir bereits gelernt haben, benötigt jede Datei eine zusätzliche Anfrage. Um dies zu verhindern, empfiehlt es sich, JavaScript-Dateien, die Sie auf allen Seiten Ihrer Webseite verwenden werden, zu einer einzelnen Datei zusammenzufassen. Dadurch wird ein Request gespart. Achten Sie dabei darauf, dass die Reihenfolge, in der die JavaScript-Dateien geladen werden, mitunter eine Rolle spielt. Kopieren Sie beim Zusammenfassen den Inhalt der einzelnen JavaScript-Dateien in jener Reihenfolge untereinander, in der diese Dateien bis jetzt auf der Seite geladen wurden.

JavaScript-Dateien, die nur auf einzelnen Seiten verwendet werden, sollten nicht mit einbezogen werden, sondern nur auf diesen Seiten geladen werden, auf denen sie tatsächlich benötigt werden.

Beispiel

Für die Validierung der Eingaben in ein Kontaktformular benötigen wir JavaScript, allerdings nur auf einer einzigen Seite. Es wäre nun nicht sinnvoll, dieses Skript auch in die zusammengefasste JavaScript-Datei aufzunehmen.

Vielmehr empfiehlt es sich, Skripte, die nur auf einzelnen Seiten benötigt werden, direkt auf der jeweiligen Seite zwischen `<script>` und `</script>` einzubauen (sog. Inline).

Skripte, die auf mehreren Seiten benötigt werden, können zu einer gesammelten JavaScript-Datei zusammengefasst werden. Diese kann dann extern eingebunden werden, damit sie gecached werden kann.

Wenn Sie wissen möchten, welche Skripte auf eine Seite geladen werden, analysieren Sie die Seite mit *http://www.webpagetest.org*. Im Waterfall View sehen Sie, welche Skripte von welcher Datei aufgerufen werden.

Tipp

Hin und wieder kommt es dabei leider zu Fehlern, die sich darin bemerkbar machen, dass das JavaScript nicht mehr richtig ausgeführt wird. Darum sollten Sie jede Datei einzeln reduzieren, dann zusammenfassen, hochladen und den Erfolg prüfen.

Verwendet Ihre Webseite viele JavaScript-Dateien, die sich öfter geändert werden, können Sie die Optimierung mit Grunt automatisieren.

■ 7.6 JS-Optimierung automatisieren mit GruntJS

Eine Webseite ist kein Zeitungsinserat, das sich nach dem Druck nicht mehr verändert. Eine Webseite kann und soll ihr Aussehen immer wieder ändern. Damit Sie nicht bei jeder Änderung die JavaScript-Optimierung zeitaufwendig von Hand durchführen müssen, gibt es *Taskrunner*. Taskrunner sind Hilfsprogramme, mit denen kleinere, immer wieder anfallende Aufgaben unter JavaScript automatisiert werden können.

Ein Taskrunner, den ich hier vorstellen möchte, ist *GruntJS*. Mit diesem Programm können Sie unter anderem JavaScript-Dateien automatisch zusammenfassen und reduzieren. Haben Sie Änderungen an Ihrer Webseite vorgenommen, wird bei Veröffentlichung Grunt mit ausgeführt. Die von Grund bearbeiteten Dateien werden dann auf dem Live-Webserver veröffentlicht.

Grunt basiert auf *Node.JS*. Darum müssen Sie zuerst von *http://www.nodejs.org* den Node Packet Manager (NPM) herunterladen. Das Programm steht für Windows, Mac und Linux und andere Betriebssysteme als Installer zur Verfügung.

Nach der Installation von NodeJS können Sie Grunt über npm installieren. Zuvor müssen Sie für Ihr Projekt eine Konfigurationsdatei erstellen. Das geschieht in der Kommandozeile. Unter Windows drücken Sie **WINDOWS-TASTE** + **R** und geben dann CMD ein.

Wechseln Sie dazu in das Projektverzeichnis, beispielsweise *C:/grunt*. Geben Sie dazu ein:

```
cd c:/grunt
```

Mit den Befehlen npm init ein und npm werden Sie durch die Erstellung geführt.

```
npm                                                                    _ □ ×
C:\grunt>npm init
This utility will walk you through creating a package.json file.
It only covers the most common items, and tries to guess sensible defaults.

See `npm help json` for definitive documentation on these fields
and exactly what they do.

Use `npm install <pkg> --save` afterwards to install a package and
save it as a dependency in the package.json file.

Press ^C at any time to quit.
name: (grunty)
version: (1.0.0)
git repository:
keywords:
license: (ISC)
About to write to C:\grunt\package.json:

{
  "name": "grunty",
  "version": "1.0.0",
  "description": "test",
  "main": "grunt.js",
  "scripts": {
    "test": "echo \"Error: no test specified\" && exit 1"
  },
  "author": "greg",
  "license": "ISC",
  "dependencies": {},
  "directories": {
    "test": "test"
  },
  "devDependencies": {}
}

Is this ok? (yes)
```

Bild 7.3 Node-Konfigurationsdatei erstellen und Grunt installieren

Jetzt sind Sie bereit, Grunt zu installieren. Geben Sie in der Kommandozeile ein:

```
npm install grunt-cli --save-dev
```

Module installieren

Der Taskrunner Grunt ist extrem vielfältig. Dieses Buch kann nur einen ersten Eindruck vermitteln. Es gibt verschiedene Module. Für unseren Zweck benötigen wir das Modul uglify.

Um es zu installieren, geben Sie in der Kommandozeile ein:

```
npm install grunt-contrib-uglify --save-dev
```

Gruntfile erstellen

In der Datei *Gruntfile.js* legen Sie fest, was Grunt mit Ihren Dateien machen soll.

```
module.exports = function(grunt) {
  grunt.initConfig({
    pkg: grunt.file.readJSON('package.json'),
    uglify: {
      options: {
      },
      build: {
```

```
          src: 'src/*.js',
          dest: 'build/javascript.min.js'
      }
    }
});

// Load the plugin that provides the "uglify" task.
grunt.loadNpmTasks('grunt-contrib-uglify');

// Default task(s).
grunt.registerTask('default', ['uglify']);

};
```

Grunt ausführen

Geben Sie in der Kommandozeile nun grunt ein (in Windows grunt.cmd).

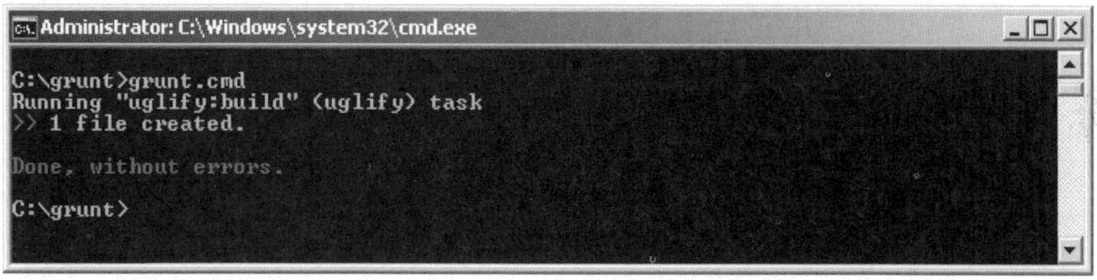

Bild 7.4 Grunt starten

Nun wird Grunt die JavaScript-Dateien aus dem Verzeichnis */src* auslesen, minimieren und in die in *gruntfile.js* festgelegte Datei */build/javascript.min.js* speichern. Diese Datei können Sie mit der Live-Version der Webseite veröffentlichen.

Das ist nur ein kleiner Ausschnitt der Automatisierungsmöglichkeiten, die Ihnen Grunt bietet. Weitere Module und Literatur zu Grunt finden Sie auf der offiziellen Grunt-Webseite *http://www.gruntjs.com*. Alle hier vorzustellen, würde den Rahmen dieses Buchs bei Weitem sprengen. Exemplarisch erwähnen möchte ich die Möglichkeit, CSS-Dateien zu reduzieren und zusammenzufassen oder Bilder automatisch ins WebP-Format zu konvertieren.

■ 7.7 JavaScript verzögert laden

Manchmal verwenden wir Skripte von Drittanbietern auf unserer Seite. Das ist sinnvoll, denn so müssen wir nicht alle Skripte selbst schreiben und warten. Beispiele für solche Skripte sind Webanalyse-Tools, Conversion-Tracker oder ganz einfach ein YouTube-Video, das wir auf unserer Seite eingebunden haben.

Externe Skripte haben zwei große Nachteile: Wir können nicht bestimmen, wann sie geladen werden, und wir können ihre Header-Informationen nicht beeinflussen. Daher können wir die Caching-Einstellungen, die vom Herausgeber gesetzt wurden, nicht ändern.

In einigen Empfehlungen heißt es, dass JavaScript-Dateien am Ende der Seite aufgerufen werden sollen. Diese Maßnahme verhindert nicht, dass JavaScript vor den kritischen Inhalten geladen wird. Daher können Sie so die Google PageSpeed Insights-Meldung „Ihre Seite enthält blockierende Script-Ressourcen" nicht verhindern.

Um JavaScript, das nicht sofort (in der ersten halben Sekunde) benötigt wird, nicht zu Beginn zu laden, können nicht benötigte Skripte erst später geladen werden. Der Fachbegriff dafür lautet *deferren*. Dieser Vorgang kann mit einem kleinen und einfachen JavaScript ausgeführt, das nichts weiter tut, als die externe JavaScript-Datei zu laden. Dabei haben wir die Kontrolle darüber, wann das passieren soll. Am besten, es passiert am Ende des Rendering-Vorgangs. Dazu kopieren Sie dieses Skript auf der Webseite kurz vor den </body>-Tag.

```
<script>
function downloadJSAtOnload() {
var element = document.createElement("script");
element.src = "Externes-JavaScript.js";
document.body.appendChild(element);
}
if (window.addEventListener)
window.addEventListener("load", downloadJSAtOnload, false);
else if (window.attachEvent)
window.attachEvent("onload", downloadJSAtOnload);
else window.onload = downloadJSAtOnload;
</script>
```

Externes-JavaScript.js müssen Sie noch durch das jeweilige Skript ersetzen. Dieses Skript wird dann die Datei *Externes-JavaScript.js* aufrufen, sobald die Seite komplett geladen wurde.

JavaScript, das für die einwandfreie Anzeige Ihrer Seite zuständig ist, sollten Sie nicht mit diesem Skript verzögert laden, da dies für den Besucher eine Änderung der Anzeige bringt. Das ist nicht sehr elegant.

■ 7.8 JavaScript vs. CSS

Früher war man für fast alle Effekte auf JavaScript angewiesen. Seit es CSS3 gibt – und das sind schon einige Jahre –, können sehr viele Effekte mit CSS umgesetzt werden. Das ist fast immer einfacher und kürzer und damit schneller. Einfache Effekte sind schon seit CSS 2 realisierbar und viele weitergehende Möglichkeiten bietet CSS3 bis hin zu Animationen.

Nehmen wir als Beispiel einen Button. Wenn der Mauszeiger über diesen Button fährt, soll die Farbe des Buttons heller werden. Das können wir mit CSS oder JavaScript umsetzen:

JavaScript	CSS
```function ButtonTransparent() { document.getElementById("button"). style.opacity = "0.5"; }```	```#button:hover {opacity:0.5}```
Das dazugehörende HTML:	**Das dazugehörende HTML:**
```<div id="button" onmouseover=" ButtonTransparent()"> Ich bin der Button</div>```	```<div id="button"> Ich bin der Button</div>```

Wir sehen also, dass CSS wesentlich kompakter ist. Zudem ist es für moderne Browser schneller zu rendern und sollte im Zweifel den Vorzug bekommen.

■ 7.9 Ladezeit von Benutzern ermitteln

Das Internet wird immer schneller – das stimmt allerdings leider nicht für alle Gegenden. Auch in Deutschland und Österreich gibt es nach wie vor viele Regionen mit sehr langsamer Internetanbindung. Besonders in Mobilfunknetzen lassen die Bandbreiten außerhalb der großen Ballungszentren oft zu wünschen übrig.

Webseitenbetreiber wollen das schnelle Internet nutzen, um größere Dateien zu transportieren. Was aber tun, damit diejenigen mit einer schnellen Internetverbindung nicht wegen Besuchern mit einer langsameren Anbindung auf Inhalte verzichten müssen? Es ist möglich dem Besucher, je nach Internetanbindung, eine entsprechend abgespeckte Version der Webseite auszuliefern.

In der Einleitung haben wir bereits gesehen, wie wir mit Google Analytics feststellen können, wie lange unsere Webseite und ihre Unterseiten im Durchschnitt laden. Wir können aber auch die aktuelle Ladezeit beim Aufruf einer Webseite feststellen.

Dazu verwenden wir ein kleines JavaScript

```
<script>
window.onload = function(){
  setTimeout(function(){
    var t = performance.timing;
    var ladezeit=t.loadEventEnd - t.responseEnd;
    document.write(t.loadEventEnd - t.responseEnd);
  }, 0);
}
</script>
```

Damit haben wir die Zeit zwischen dem Aufruf und dem Response in der Variablen ladezeit gespeichert.

Das ist zwar nicht die Zeit bis zum Ende des Renderns, denn diese steht erst später zur Verfügung. Aber mit dieser Zeit haben wir einen ersten Eindruck von der Bandbreite, die unserem Besucher zur Verfügung steht. Nun können wir je nach Geschwindigkeit einzelne Elemente nachladen.

Das würde in der Praxis so aussehen:

```
<img id="meinbild" src="ein-kleines-bild.jpg">
<script>
window.onload = function(){
  setTimeout(function(){
    var t = performance.timing;
    ladezeit=t.loadEventEnd - t.responseEnd;
if (ladezeit < 90) {
 document.getElementById("meinbild").src = "ein-groesseres-bild.jpg";
}
  }, 0);
}
</script>
```

In diesem Beispiel wird dieDatei *ein-kleines-bild.jpg* durch *ein-groesseres-bild.jpg ersetzt*, wenn die Variable ladezeit größer als 90 ist.

Welchen Wert Sie hier verwenden, hängt auch von der Anbindung Ihres Servers ab. Darum sollten Sie ein wenig damit experimentieren. Versuchen Sie über verschiedene Internet-anschlüsse auf dieses Skript zuzugreifen.

Mit alert(ladezeit); können Sie den Wert der Variablen auf dem Bildschirm ausgeben. Dann müssen Sie beurteilen, welcher Grenzwert für Ihre Seite sinnvoll ist.

 SEO-Tipp

Ich empfehle Ihnen, mit dieser Technik Bilder, aber möglichst wenig Text aus- oder einzublenden. Google überprüft hin und wieder, ob dem Crawler dasselbe angezeigt wird wie einem Menschen. Darum könnten ausgeblendete Bilder von Google als Cloaking missverstanden werden. Beim Cloaking wird dem Crawler unter der gleichen URL eine anders optimierte Webseite angezeigt als dem Benutzer.

8 Komprimieren

Aufwand:	Schwierigkeitsgrad:	Nutzen:
Gering	Gering	Sehr hoch

■ 8.1 Was ist Datenkomprimierung?

Datenkomprimierung ist ein Vorgang, bei dem die Menge digitaler Daten reduziert wird. Dadurch sinkt der benötigte Speicherplatz. Wird eine Datei über das Internet gesendet, bedeutet weniger Speicherplatz eine kürzere Übertragungszeit. Datenkomprimierung funktioniert, indem überflüssige Informationen wie Leerzeichen oder Wiederholungen weggelassen werden und auf bereits vorhandene Information referenziert wird. Dadurch spart man Zeichen. Aus dem Text

```
"AUCH EIN KLEINER BEITRAG IST EIN BEITRAG"
```

wird beispielsweise

```
"AUCH EIN KLEINER BEITRAG IST -4 -3"
```

Allein in diesem kurzen Satz werden so sieben Zeichen gespart. Stellen Sie sich nun vor, wie viel Sie auf einer Webseite mit mehreren Hundert Zeilen sparen können!

Wir kennen dieses Verfahren von ZIP-Dateien. Bei unserer Webseite lässt sich dieses Verfahren ebenfalls anwenden, um den Inhalt der Seite schneller vom Webserver auf unseren PC, Laptop oder unser Smartphone zu übertragen.

■ 8.2 Wie können wir mit Komprimierung unsere Webseite beschleunigen?

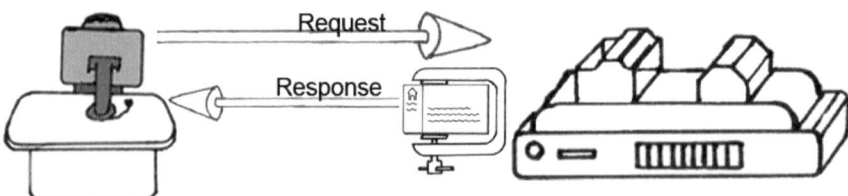

Bild 8.1 Komprimierung einer Webseite

gzip ist ein Kompressionsprogramm, welches für alle gängigen Betriebssysteme verfügbar ist. Dieses Programm können Webserver nutzen, um eine Webseite zu komprimieren, bevor sie an den Besucher gesendet wird. Dadurch können ca. 70 % der erforderlichen Daten eingespart werden.

Sämtliche modernen Browser unterstützen gzip. Wird eine komprimierte Webseite empfangen, wird sie vom Browser dekomprimiert und anschließend angezeigt. Der Benutzer bekommt von diesem Vorgang überhaupt nichts mit, außer dass die Webseite sehr schnell lädt.

■ 8.3 gzip auf Apache Webservern

Wenn Ihre Webseite auf einem Apache Webserver läuft, können Sie die gzip-Komprimierung sehr einfach aktivieren und verwenden. Sie brauchen dafür keine Programmierkenntnisse.

Apache stellt uns dazu die zwei Module *mod_gzip* und *mod_deflate* zur Verfügung, die gzip im Hintergrund nutzen, um die Webseite zu komprimieren. Beide Module unterscheiden sich in ihrer Funktionsweise nur geringfügig. Für Sie als Webseitenbetreiber und für Ihre Besucher spielt es keine Rolle, welches Modul verwendet wird.

Um mod_gzip oder mod_deflate zu nutzen, müssen wir nur Ihrem Webserver sagen, dass er die Webseite mit einem dieser beiden Module komprimieren soll, bevor er sie an den Besucher ausliefert.

Bei den meisten Shared-Hostings sind die erforderlichen Module bereits von den Anbietern aktiviert. Wir müssen diesen Service nur noch verwenden.

8.3.1 Komprimierung mit mod_gzip

Um das Modul gzip zu nutzen, müssen Sie folgende Codezeilen in die .htaccess-Datei im Stammverzeichnis Ihrer Webseite einfügen:

```
<ifModule mod_gzip.c>
mod_gzip_on Yes
mod_gzip_dechunk Yes
mod_gzip_item_include file .(html?|txt|css|js|php|pl)$
mod_gzip_item_include handler ^cgi-script$
mod_gzip_item_include mime ^text/.*
mod_gzip_item_include mime ^application/x-javascript.*
mod_gzip_item_exclude mime ^image/.*
mod_gzip_item_exclude rspheader ^Content-Encoding:.*gzip.*
</ifModule>
```

Nachdem Sie diesen Code eingebaut haben, wird die Webseite bei der Auslieferung komprimiert, sofern das Modul installiert und aktiviert ist.

Mit Google PageSpeed Insights oder mit *http://www.gziptest.com* können Sie prüfen, ob die Komprimierung tatsächlich funktioniert. Sollte gzip nicht funktionieren, finden Sie in Abschnitt 8.4 „gzip funktioniert nicht" Hilfe bei der Fehlerbehandlung.

8.3.2 Komprimierung mit mod_deflate

Es gibt Hosting-Anbieter, die das Modul gzip nicht aktiviert haben, dafür aber das Modul deflate. Genau wie mod_gzip wird mod_deflate über die .htaccess-Datei aktiviert. Dazu müssen Sie folgenden Code in die .htaccess-Datei im Stammverzeichnis der Webseite einfügen.

Listing 8.1 Code, um mod_deflate über .htaccess zu aktivieren

```
<IfModule mod_deflate.c>
  # Compress HTML, CSS, JavaScript, Text, XML and fonts
  AddOutputFilterByType DEFLATE application/javascript
  AddOutputFilterByType DEFLATE application/rss+xml
  AddOutputFilterByType DEFLATE application/vnd.ms-fontobject

  AddOutputFilterByType DEFLATE application/x-javascript
  AddOutputFilterByType DEFLATE application/xhtml+xml
  AddOutputFilterByType DEFLATE application/xml
  AddOutputFilterByType DEFLATE font/opentype
  AddOutputFilterByType DEFLATE font/otf
  AddOutputFilterByType DEFLATE font/ttf
  AddOutputFilterByType DEFLATE image/svg+xml
  AddOutputFilterByType DEFLATE image/x-icon
  AddOutputFilterByType DEFLATE text/css
  AddOutputFilterByType DEFLATE text/html
  AddOutputFilterByType DEFLATE text/javascript
  AddOutputFilterByType DEFLATE text/plain
  AddOutputFilterByType DEFLATE text/xml
</IfModule>
```

Nachdem dieser Code eingebaut wurde, überprüfen Sie mit Google PageSpeed Insights oder mit *http://www.gziptest.com*, ob die Komprimierung funktioniert.

 Wordpress-Tipp

Haben Sie keinen FTP-Zugriff auf Ihren Webserver, um die .htaccess-Datei zu bearbeiten, gibt es in Wordpress die Möglichkeit, gzip mithilfe von Plug-ins zu aktivieren.

GZip Ninja Speed Compression ist ein Plug-in, das sehr einfach zu verwenden ist. Sie müssen es über das Wordpress-Backend installieren und unter GZIP NINJA SPEED > ENABLE aktivieren.

■ 8.4 gzip funktioniert nicht

In einigen Fällen kommt es vor, dass Google PageSpeed Insights weiterhin „Komprimierung aktivieren" als Handlungsempfehlung angibt. Meist liegt das daran, dass gzip oder deflate nicht auf dem Server installiert sind. Wie Sie mod_gzip und mod_deflate nutzen können, hängt primär davon ab, ob Sie ein Shared-Hosting verwenden oder einen eigenen Server haben.

8.4.1 Shared Hosting

Auf einem Shared-Hosting können Sie selbst keine Module installieren, aktivieren oder entfernen. Sie sind darauf angewiesen, dass der Anbieter Ihnen die Module auf dem Server zur Verfügung stellt.

Stellen Sie fest, dass die Komprimierung Ihrer Seite nicht funktioniert, obwohl Sie die zuvor beschriebenen Schritte durchgeführt haben, sollten Sie bei Ihrem Anbieter nachfragen. Die meisten Hosting-Anbieter aktivieren die Komprimierung kostenlos, wenn man sie explizit und freundlich darum bittet. Sollte das nicht geschehen, ist es ratsam, das Hosting zu wechseln.

8.4.2 gzip und deflate installieren

Wenn Sie einen eigenen Server betreiben oder einen V-Server nutzen, müssen Sie das Modul selbst installieren. Bei V-Servern mit einer Konfigurationsoberfläche wie *Plesk* lassen sich die Module unter SERVER-EINSTELLUNGEN oder PHP EINSTELLUNGEN per Mausklick installieren.

Plesk

Unter **TOOLS AND SETTINGS** finden Sie den Punkt „Apache Web Server". In diesem Menü können Sie Apache-Module aktivieren oder deaktivieren.

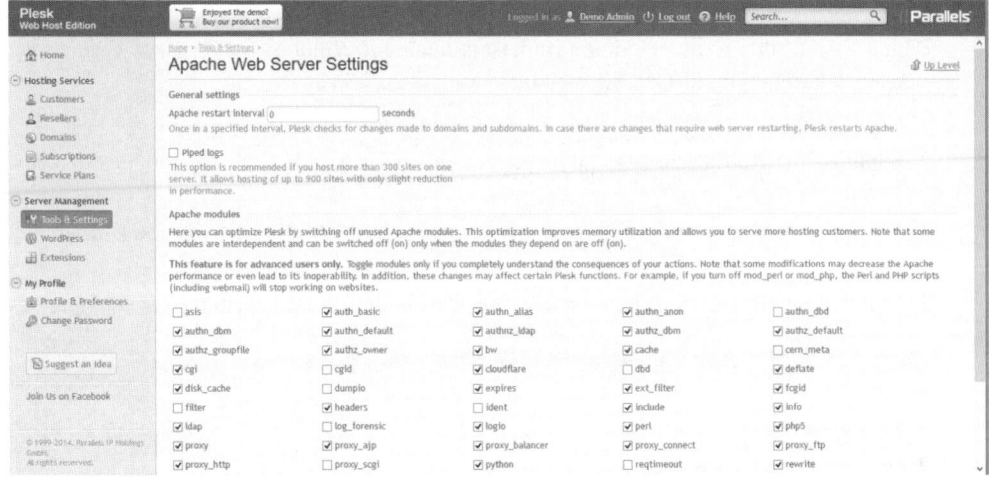

Bild 8.2 Plesk – Web-Server-Module aktivieren

Aktivieren Sie hier das Modul deflate. Nach der Aktivierung ist ein Neustart erforderlich, damit das Modul geladen wird.

CPanel und andere Verwaltungsoberflächen

In CPanel lässt sich das Modul leider nicht über das Webinterface aktivieren. Darum müssen Sie, wenn Sie mit CPanel oder einer anderen Verwaltungsoberfläche arbeiten, das Modul über die Kommandozeile aktivieren.

Verbinden Sie sich mittels SSH mit Ihrem Webserver (siehe Kapitel 3.6, *SSH-Verbindung herstellen*). Loggen Sie sich als Root ein und geben Sie in der Kommandozeile folgende Befehle ein:

```
apache2ctl -M
```

oder

```
apache2ctl -t -D DUMP_MODULES
```

Sie erhalten alle derzeit aktivierten Module angezeigt. Mit a2enmod können Sie Module aktivieren. In unserem Fall wollen wir das Modul dflate aktivieren. Dazu geben Sie ein:

```
a2enmod deflate
```

Anschließend müssen Sie den Apache Server neu starten:

```
/etc/init.d/apache2 restart
```

■ 8.5 gzip auf Windows-Servern

Auf einem Windows-Server mit IIS können Sie nicht mit .htaccess arbeiten. Darum funktionieren die zuvor dargestellten Methoden nicht, wenn Sie Ihre Webseite mit IIS betreiben. Dennoch steht Ihnen die gzip-Komprimierung auch auf Windows-Servern zur Verfügung. Um sie zu aktivieren, müssen Sie die Einstellungen im IIS vornehmen:

1. Öffnen Sie den IIS-Manager.

2. Sie müssen gzip für jede Seite, die auf dem Server läuft, aktivieren. Gehen Sie dazu zur jeweiligen Webseite.

3. Nun sehen Sie im mittleren Bereich das Symbol KOMPRIMIERUNG. Ein Klick öffnet die Einstellungen für die Komprimierung.

4. Nun können Sie durch Aktivieren der Checkboxen die gzip-Komprimierung verwenden.

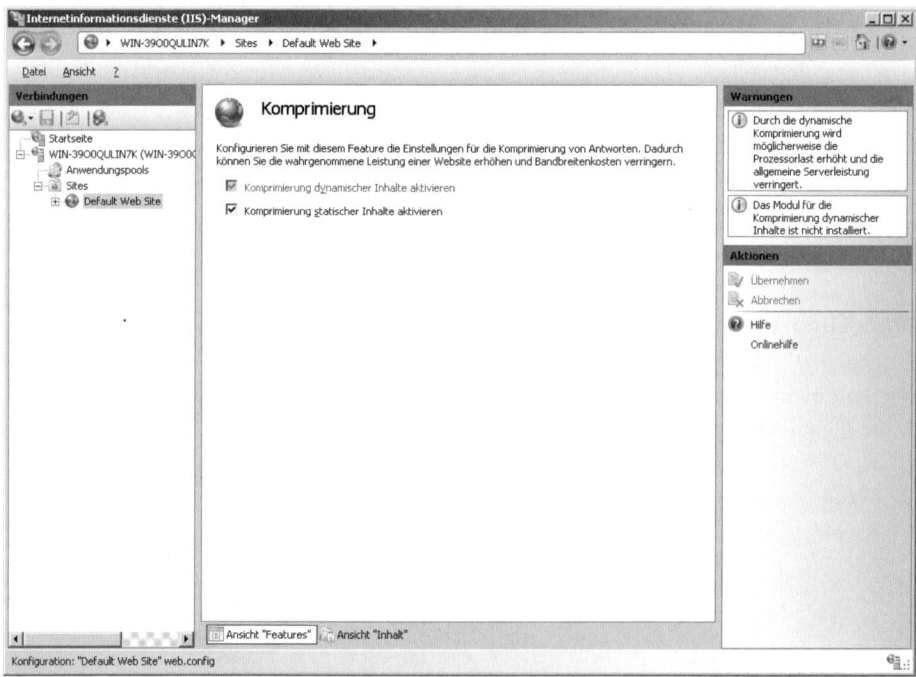

Bild 8.3 gzip auf Windows-Server mit IIS installieren

Testen Sie mit *http://www.gziptest.com* oder Google PageSpeed Insights, ob die Komprimierung einwandfrei arbeitet.

Hinweis

Sollte auf Ihrem Server *niginx*, *lightspeed* oder ein anderer Webserver laufen funktioniert dieses Vorgehen so nicht. Eine Anleitung zur Komprimierung finden Sie aber im jeweiligen Server-Handbuch.

9 Critical Rendering Path

Aufwand:	Schwierigkeitsgrad:	Nutzen:
Mittel	Mittel	Sehr hoch

„JavaScript- und CSS-Ressourcen, die das Rendering blockieren, in Inhalten above the fold (ohne Scrollen sichtbar) beseitigen."

So lautet die Handlungsempfehlung, die PageSpeed Insights anzeigt, wenn der Critical Rendering Path nicht optimiert ist. Selbst für viele Experten ist diese Meldung nicht leicht zu verstehen.

Sucht man auf Google nach einer Lösung für dieses Problem, findet man wenig Erklärungen und noch weniger Lösungsansätze. Diesen Mangel möchte ich an dieser Stelle beheben, denn der Critical Rendering Path ist ein wichtiger Schritt zu einer schnellen Webseite.

Besonders für Mobilgeräte ist die Optimierung des Critical Rendering Path sehr wichtig, da die Latenz im Mobilfunknetz teilweise extrem hoch ist. Bei HSDPA sind das bis zu 400 ms. Das geht auf Kosten unserer Ladezeit, da in dieser Zeit noch kein Rendering stattfinden kann. Wir haben nur 0,5 Sekunden, um unter der Eine-Sekunde-Grenze zu bleiben.

■ 9.1 Was ist der Critical Rendering Path?

Der Critical Rendering Path bezeichnet jenen Teil einer Webseite, den der Browser braucht, um im sichtbaren Bereich – wir nennen das „above the fold" – etwas anzuzeigen. Das Ziel ist, bereits in 100 ms etwas auszuliefern und innerhalb von einer halben Sekunde bereits den sichtbaren Teil geladen zu haben.

Bild 9.1 „Above the fold" und „under the fold"

Wenn das abgeschlossen ist und dem Besucher bereits ein Teil der Webseite angezeigt wird, können wir im Hintergrund den restlichen Teil laden, den ein Benutzer erst sieht, wenn er nach unten scrollt. Hin und wieder sehe ich Webseiten, die diese Idee zwar verstanden haben, allerdings nicht ganz richtig umsetzen. Es wird versucht, die Inhalte unterhalb des sichtbaren Bereichs (under the fold) erst zu laden, sobald der Besucher nach unten scrollt. Manchmal werden auch nur Bilder auf diese Art nachgeladen. Man spricht von „Lazy Loading". Das kann man so machen, ich finde es aber nicht ideal, da der Besucher sieht, dass etwas geladen werden muss. Das vermittelt dem Besucher unterbewusst eher das Gefühl, dass die Seite langsam ist.

Aus meiner Sicht ist es besser den unteren Bereich samt aller Bilder sofort nach dem Laden des Critical Rendering Path zu laden.

■ 9.2 Wie baut sich eine Seite auf? (Rendering)

Ein HTML-Dokument wird an den Browser übermittelt. CSS-Dateien werden nachgeladen. Diese benötigt der Browser, um das Layout der Seite, Schriftformate etc. auszugeben.

Die allermeisten Webseiten sind so aufgebaut.

```
<html>
<head>
<title>Ihre Webseite</title>
<link rel="stylesheet" href="style.css">
```

Verwendet eine Seite Wordpress, dann gibt es meistens noch zusätzlich mindestens eine CSS-Datei für das Template und eine für jedes Plug-in, manchmal sogar deutlich mehr.

```
<link rel="stylesheet" href="templatestyle.css">
<link rel="stylesheet" href="pluginstyle.css">
```

Was passiert mit diesem Code?

Wie wir bereits wissen, sendet unser Browser eine Anfrage mit der URL an den Webserver. Der Server antwortet mit einem Paket, in dem das HTML enthalten ist. Kommen darin Verweise auf andere Dateien vor, sendet der Browser erneut eine Anfrage an den Webserver, um dieses Dokument zu erhalten.

Die beiden Stylesheets *templatestyle.css* und *pluginstyle.css* enthalten Style-Definitionen, die sowohl „above the fold" als auch für den Rest der Seite benötigt werden. Im Gegensatz zu HTML muss der Browser das CSS immer vollständig laden.

Erst wenn er alle Dokumente zusammen hat, die für die korrekte Darstellung des sichtbaren Bereichs erforderlich sind, beginnt der Browser, die Anzeige zusammenzustellen (Rendering).

■ 9.3 CSS in Kritisch und Nichtkritisch unterteilen

Wenn wir einen optimalen Critical Rendering Path haben wollen, müssen wir unser CSS in zwei Bereiche teilen. Zum einen benötigen wir den Teil für den Bereich „above the fold". Diesen Bereich wollen wir sofort laden. Alle anderen Style-Definitionen benötigen wir nicht sofort. Darum können wir diese Styles am Ende der Seite laden.

Bevor wir unsere Stylesheets in kritisches und nicht kritisches CSS unterteilen, sollten wir – wie wir in Abschnitt 6.3, *„CSS zusammenfassen"*, gelernt haben – aus mehreren CSS-Dateien eine Datei machen, um die Anzahl der Anfragen an den Webserver zu reduzieren.

Diese CSS-Datei wie auch JavaScript-Dateien werden geladen, sobald ein Verweis auf diese Datei im Quellcode vorkommt. Nun ist es aber so, dass wir in unserer CSS-Datei verschiedene Styles definiert haben, die im sichtbaren Bereich „above the fold" noch gar nicht verwendet werden.

Bei den meisten Webprojekten ist es so, dass nur ein Bruchteil der CSS-Definitionen für den sichtbaren Bereich benötigt wird. Zeile für Zeile jede CSS-Datei durchzugehen und zu untersuchen, ob wir eine Definition „above the fold" benötigen oder nicht, ist extrem zeitaufwendig. Zum Glück gibt es ein kostenloses Tool, das diese Arbeit in nur wenigen Sekunden erledigt.

Das Tool heißt *Critical Path CSS Generator* von Jonas Sebastian Ohlsson. Es steht auf seiner Webseite *http://jonassebastianohlsson.com/criticalpathcssgenerator/* zur Verfügung.

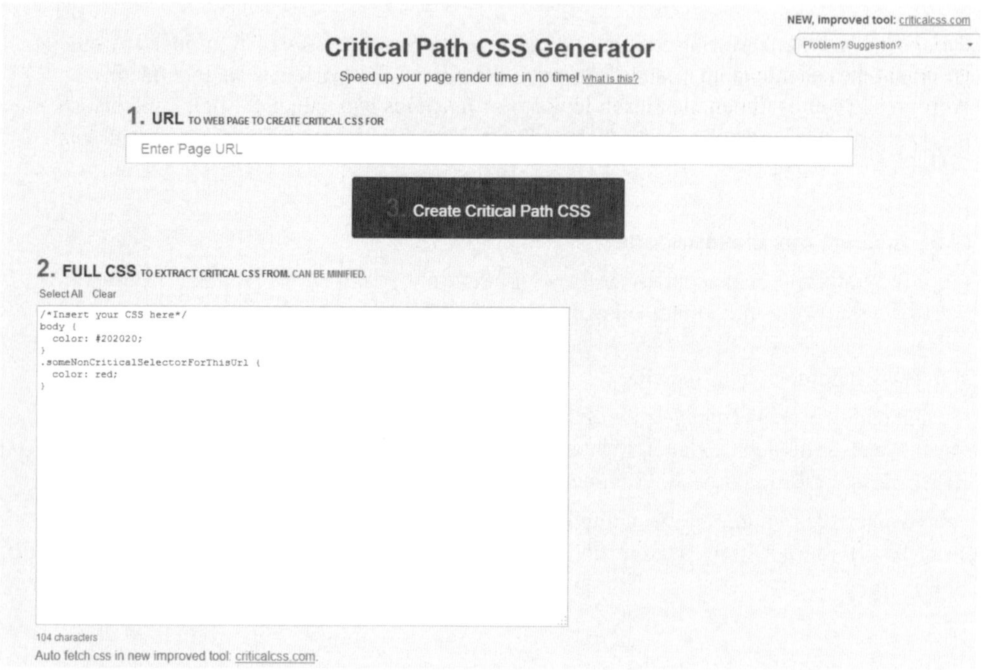

Bild 9.2 Critical Path CSS Generator

In das Feld *1. URL* geben Sie die URL Ihrer Webseite ein. Öffnen Sie nun die zuvor aus mehreren Dateien zusammengefasste CSS-Datei. Kopieren Sie den Inhalt dieser Datei in das Feld *2. FULL CSS*. Das Tool analysiert, welche Styles im sichtbaren Bereich der URL benötigt werden, und gibt eine Datei aus, die alle kritischen CSS-Definitionen enthält. Sie können diesen Code einfach in den Head Ihrer Webseite eintragen.

Dazu speichern Sie den erhaltenen Code in eine CSS-Datei speichern und binden diese mit <link ... ein. Ich bevorzuge es, diesen Code inline in den Header zu kopieren, da dann kein Request für diese Datei erforderlich ist.

> **Wordpress-Tipp**
>
> Im Wordpress können Sie das kritische CSS in ein Custom Field oder direkt in
> den HTML-Code im Header kopieren.
>
> Gehen Sie dazu in Wordpress auf **DESIGN** -> **EDITOR**. Dort finden Sie im
> verwendeten Theme die Datei *header.php*. In dieser Datei fügen Sie vor
> `</head>` die Tags `<style>` und `</style>` ein, und zwischen diese beiden Tags
> kommt das Ergebnis von Critical Path CSS Generator. ∎

Nun muss noch das gesamte nichtkritische CSS vom Header in den Footer verschoben werden. Falls Sie nach der Anleitung in Kapitel 6.3 „CSS zusammenfassen" vorgegangen sind,
geschieht dies ebenfalls im Header. Anderenfalls müssen Sie auf die Suche gehen. In vielen
Wordpress-Themes finden Sie diesen Link in der *functions.php*. Fügen Sie den Link einfach
in *footer.php* vor `</body>` ein. Das hat zwar den Nachteil, dass das Dokument nicht dem
W3-Standard entspricht. Diese Methode funktioniert aber in allen von mir getesteten Browsern ohne Probleme.

Das Ergebnis dieser Übung ist, dass nun vom Browser zu Beginn nur jene Style-Definitionen
geladen werden müssen, die er für die erste Anzeige des sichtbaren Bereichs benötigt. Je
nach Größe der CSS-Datei sparen wir damit ein bis drei Sekunden Ladezeit, und bei Page-
Speed Insights bekommen wir ebenfalls einige zusätzliche Punkte.

Hin und wieder werde ich gefragt, ob diejenigen Style-Definitionen, die bereits im Critical
Path verwendet wurden, aus der *style.css* entfernt werden sollen.

Es ist richtig: Diese Definitionen könnten gelöscht werden, und wir würden wieder einige
Byte einsparen. Wenn die Datei nach der oben beschriebenen Methode in den Footer verschoben wurde, wird sie zu einem Zeitpunkt geladen, der nicht kritisch ist. Gehen Sie davon
aus, dass der Benutzer frühestens nach zwei Sekunden zu scrollen beginnt. In dieser Zeit
sollte die CSS-Datei fertig geladen sein. Wenn Sie etwas daraus löschen, gibt es später evtl.
Probleme bei Änderungen. Darum empfehle ich, die Datei in der *style.css* zu lassen, selbst
wenn dadurch manches doppelt geladen wird.

■ 9.4 Prefetch und Prerender

Betrachten wir einmal das Verhalten des Besuchers. Er kommt auf die Startseite und bleibt
mehrere Sekunden auf dieser Seite, dann klickt er auf einen Link zu einer Unterseite. Während dieser Sekunden, in denen keine Aktivität stattfindet, können wir bereits verschiedene
Elemente laden, die wir erst später benötigen. Am einfachsten ist die DNS-Auflösung, die
wir mit DNS-Prerender durchführen können. Aber wir können sogar eine komplette Seite
im Hintergrund laden. Kommt der Besucher später erneut auf diese Seite, muss der Browser
sie nicht mehr herunterladen, sondern kann sie sofort anzeigen. Schneller geht es nicht
mehr.

9.4.1 DNS-Prefetch

In Kapitel 2, „Wie funktioniert eine Webseite", haben Sie gelernt, dass für die Kommunikation zwischen dem Browser und dem Webserver der erste Schritt die DNS-Auflösung ist. Der Browser fragt beim DNS-Server die Adresse des Webservers an, auf welchem die Domain liegt.

Zusätzliche Anfragen auf derselben Domain müssen nicht nochmals aufgelöst werden. Wird eine Ressource (z. B. ein Bild oder eine CSS-Datei) von einer anderen Domain geladen, muss hierfür eine neue DNS-Abfrage durchgeführt werden. Das gilt auch für Subdomains.

Wollen Sie, dass der Browser im Hintergrund die IP-Adresse eines Webservers ermittelt, müssen Sie im HTML-Code Folgendes einfügen:

```
<link rel="dns-prefetch" href="http://eineexterneseite.com ">
```

Dieser Code sollte möglichst weit unten platziert werden, damit er das Laden von anderen Elementen nicht verzögert.

Diese Art von Anfrage benötigt kaum Bandbreite. Darum können bedenkenlos mehrere Seiten abgefragt werden, selbst wenn Sie nicht wissen, ob der Besucher sie je benötigen wird. Können wir antizipieren, auf welchen Link ein Besucher klickt, können wir diese Seite vorbereiten. Damit wird die Seite schneller geladen, sobald er den Klick ausführt.

Das erneute Auflösen der IP-Adresse ist auch erforderlich, wenn der Besucher eine Subdomain Ihrer Webseite besucht. Verwenden Sie Subdomains, können Sie nach der folgenden Methode vorgehen, um Webseiten im Hintergrund zu laden.

9.4.2 Prefetch

Gibt es auf einer Webseite bestimmte Bereiche, auf denen andere Stylesheets oder Skripte verwendet werden, z. B. wenn der Besucher über eine spezielle Landingpage kommt, empfiehlt es sich, neben der Auflösung der IP-Adresse auch die Seite im Hintergrund aufzurufen.

Bei Prefetch wird nicht die ganze Seite gespeichert, sondern lediglich die caching-fähigen Ressourcen wie JavaScript-Dateien und Bilder.

Werden diese Dateien später benötigt, wenn der Besucher auf eine andere Seite klickt, wurden sie bereits heruntergeladen und stehen im Cache zur Verfügung.

Soll eine Seite einen Prefetch einer anderen Seite durchführen, können Sie diese erreichen, indem Sie folgenden Code in HTML, möglichst weit unten, einfügen:

```
<link rel="prefetch" href="/andereseite.html">
```

Damit nicht das ganze Dokument abgerufen werden muss, können Sie auch einzelne, caching-fähige Dokumente direkt mit Prefetch abrufen. Dazu verwenden Sie folgenden HTML-Code:

```
<link rel="prefetch" href="/utils.js">
```

Anwendungsbeispiele

Spezielle Landingpages

Manche Webseiten verwenden kompakte Landingpages, die sie unter anderem als Zielseite für Onlinewerbung verwenden. Auf diesen Landingpages werden ganz andere Styles und JavaScripts verwendet als auf der „normalen" Webseite. Das Ziel dieser Seiten ist meist aber, dass der Besucher von der Landingpage auf die „normale" Webseite wechselt. Damit die Hauptseite dann schneller geladen wird, können Sie nach dem Laden der Landingpage die Bilder, Styles und Skripte der Hauptseite vorladen.

Bildergalerien

Bildergalerien bestehen oft aus mehreren Seiten mit jeweils einer bestimmten Anzahl an Bildern auf einer Seite. Wenn sich der Besucher auf der ersten Seite der Bildergalerie befindet, können Sie annehmen, dass er mit einer gewissen Wahrscheinlichkeit auf WEITER klickt und die zweite Seite besuchen wird.

In diesem Fall ist es ebenfalls sinnvoll, einen Prefetch der nächsten Seite durchzuführen, damit die Bilder bereits im Cache des Besuchers sind, wenn er auf die nächste Seite kommt.

Suchergebnisseiten

Hat der Besucher die Suche auf der Webseite verwendet und befindet sich nun auf der Suchergebnisseite, wird er vermutlich eines der Suchergebnisse anklicken. Je weiter oben ein Suchergebnis steht , desto höher ist die Wahrscheinlichkeit, dass dieses Ergebnis angeklickt wird.

In solchen Fällen empfiehlt es sich, bereits kritische Ressourcen für die nachfolgende Seite zu laden.

Prefetch funktioniert nur mit caching-fähigen Dateien – also HTML, JavaSript, CSS und Bildern. Wollen Sie die gesamte Seite vorladen, können Sie dies mit Prerender tun. Je nach Anzahl und Größe der Dateien benötigt das Vorladen Bandbreite. Sie sollten nur Elemente laden, die mit einer hohen Wahrscheinlichkeit benötigt werden.

9.4.3 Prerender

Mit *Prerender* wird eine gesamte Seite im Hintergrund, wie in einem unsichtbaren Tab, heruntergeladen und gerendert. Klickt der Besucher irgendwann auf einen Link zu dieser Seite, muss der Browser nichts mehr tun, als die Ansicht zu wechseln. Für den Benutzer wirkt das so, als ob die Seite extrem schnell geladen wird.

Um eine Seite mit Prerender vorzuladen, müssen Sie die folgende Anweisung in den HTML-Code einfügen:

```
<link rel="prerender" href="http://www.externeseite.com">
```

An der Stelle, an der dieser Code vorkommt, wird das Prerender ausgeführt. Darum gilt auch hier, dass der Prerender-Code möglichst weit unten eingebunden wird, um das Laden des Critical Rendering Path nicht unnötig zu stören.

Bei dieser Technik werden sehr viele Daten heruntergeladen. Daher sollten Sie Prerender einsetzen, wenn Sie sehr sicher sind, dass der Besucher eine bestimmte Seite besuchen wird. Mit Google Analytics ist es sehr einfach, die Benutzerströme auf Ihrer Webseite zu analysieren. Sie sehen, welche Seiten die Besucher am häufigsten besuchen und in welcher Reihenfolge. Hiervon können Sie ableiten, auf welcher Seite Sie welche Ressourcen vorladen sollten.

10 Zwischenspeichern (Cache)

Aufwand:	Schwierigkeitsgrad:	Nutzen:
Gering	Unterschiedlich – abhängig vom CMS	Sehr hoch

10.1 Was ist ein Cache?

Das Wort *Cache* kommt eigentlich aus dem Französischen, wo es so viel wie „geheimer Vorrat" oder „geheimer Speicher" bedeutet. So ähnlich verhält es sich mit dem Cache, den wir auf unserer Webseite verwenden (können).

Beim Abruf einer Webseite gibt es viele Abläufe, die sich ständig wiederholen. Informatiker mögen ihre Server und sie wollen der Hardware und der Software Arbeit ersparen. Sie bemühen sich, Abläufe so zu unterteilen, dass diese nur teilweise oder gar nicht mehrfach ausgeführt werden müssen.

Im Web nutzen wir dazu verschiedene Caches. Zum einen gibt es den Browser-Cache, der vielen noch ein Begriff sein dürfte. Den Server-Cache hingegen kennen schon sehr viel weniger Webseitenbetreiber. Dabei ist dieser ein mächtiges Werkzeug für eine schnellere Webseite.

10.2 Browser-Cache

Wenn wir eine Webseite das erste Mal besuchen, sendet der Browser eine Anfrage (Request) an den Server, mit der Bitte den Inhalt der Webseite zur Verfügung zu stellen. In der Regel sendet dann der Webserver diese Webseite samt Bildern, JavaScript- und CSS-Dateien.

Surfen wir nun auf eine Unterseite, wird erneut eine solche Anfrage an den Webserver gesendet und der Inhalt samt aller dazugehörenden Dateien wird neu heruntergeladen.

Viele dieser Dateien – denken wir dabei an ein Logo, das z.B. auf jeder Seite links oben platziert ist, oder an das CSS-Stylesheet oder verschiedene JavaScript-Dateien – sind auf allen Seiten identisch. Es ist nicht nötig diese Dateien bei jedem Seitenaufruf immer wieder herunterzuladen.

Genau das müssen wir dem Browser mitteilen, denn nur wenn er weiß, dass er eine bestimmte Datei in den Cache ablegen soll, wird er dies tun.

Dazu muss bei jedem Dokument eine entsprechende Information im Dateihead mitgesendet werden. Am einfachsten erreichen Sie dies, wenn Sie in der .htaccess-Datei das Anfügen dieser Information veranlassen. Dazu fügen Sie folgenden Code in der .htaccess-Datei hinzu:

Listing 10.1 Browser-Caching in der .htaccess aktivieren

```
<IfModule mod_expires.c>
  ExpiresActive On
  ExpiresDefault "access plus 1 month"
  ExpiresByType text/html "access plus 1 month"
  ExpiresByType image/gif "access plus 1 month"
  ExpiresByType image/jpeg "access plus 1 month "
  ExpiresByType image/png "access plus 1 month"
  ExpiresByType text/css "access plus 1 month "
  ExpiresByType text/javascript "access plus 1 month "
  ExpiresByType application/x-javascript "access plus 1 month"
  ExpiresByType text/xml "access plus 1 seconds"
</IfModule>
```

Ist dieses Snippet hinterlegt, prüfen Sie mit Google PageSpeed Insights, ob das Browser-Caching tatsächlich aktiviert ist. Bei einigen Hosting-Providern ist das Modul *Expires* nicht standardmäßig auf dem Server aktiviert. Dieses Apache-Modul ermöglicht es den Header der ausgelieferten Dateien so zu modifizieren, dass der Browser erkennt, dass diese Datei im Cache gespeichert werden darf.

Wenn Sie mit einem Shared-Hosting arbeiten, wenden Sie sich an Ihren Hosting-Provider und bitten ihn, das Modul für Sie zu aktivieren. Wenn Sie Ihren Server selbst betreuen, können Sie das Modul selbst aktivieren. In der Regel werden Sie einen Linux-Server verwenden. Um dort *Expires* zu aktivieren, müssen Sie mit einem SSH-Client wie PuTTY auf den Server zugreifen (siehe Kapitel 3.6, *SSH-Verbindung herstellen*).

In der Kommandozeile des Webservers geben Sie einfach folgenden Befehl ein:

```
sudo a2dismod expires
```

Sie erhalten die Meldung, dass das Modul aktiviert wurde. Nun müssen Sie noch den Apache-Service neu starten. Dazu geben Sie folgenden Befehl ein:

```
sudo service apache2 restart
```

Mit Google PageSpeed Insights können Sie nun wieder überprüfen, ob das Browser-Cashing einwandfrei funktioniert.

Läuft das Browser-Caching, wird bei jedem Laden der Seite der Hinweis gesetzt, dass Assets (Bilder, CSS-Dateien, JavaScript-Dateien und ähnliches) erst nach einem Monat erneut heruntergeladen werden müssen. Der Browser wird diese Dateien dann in seinem Cache behalten. Beim Aufrufen einer Unterseite oder beim zweiten Besuch der Webseite holt der Browser die benötigten Daten aus dem Cache und muss sie nicht herunterladen.

Google Analytics wird nicht gecached

Selbst bei sehr gut optimierten Seiten zeigt das PageSpeed Insights-Tool oft diesen Fehler an. Manchmal ist dies sogar der einzige Grund, warum keine 100/100-Bewertung vergeben wird. Das zeigt, dass Google sich nicht an seine eigenen Empfehlungen hält.

Browser-Caching nutzen

Das Festlegen eines Ablaufdatums oder eines Höchstalters in den HTTP-Headern für statische Ressourcen weist den Browser an, zuvor heruntergeladene Ressourcen über die lokale Festplatte anstatt über das Netzwerk zu laden.

Nutzen Sie Browser-Caching für die folgenden cachefähigen Ressourcen:

http://www.google-analytics.com/analytics.js (2 Stunden)

Bild 10.1 Google PageSpeed Insights: analytics.js wird nicht gecached.

Wenn wir Google Analytics verwenden, wird eine JavaScript-Datei von Google miteinbezogen. Google hat hier eine Ablaufzeit von zwei Stunden festgelegt. Da Sie keinen Zugriff auf den Google-Server haben, können Sie diesen Wert nicht ändern.

Ist der Analytics-Code richtig eingebunden, dann spielt das eigentlich kaum eine Rolle. Wenn Sie jedoch bei PageSpeed Insights 100/100 erhalten wollen, müssen Sie diese Problem lösen. Ein Weg ist, JavaScript asynchron zu laden.

Dazu können Sie z. B. die Datei *analytics.js* auf Ihrem eigenen Server zu speichern. Das funktioniert, indem Sie das Skript von *http://google-analytics.com/analytics.js* herunterladen und auf der eigenen Seite einfügen.

Sie laden die eben heruntergeladene Datei mittels FTP auf Ihren Webserver (siehe Kapitel 3.5, *FTP-Client*) und müssen nun Ihre Webseite anpassen. Wo bislang *analytics.js* vom Google Server geladen wurde, müssen Sie die eigene, lokale *analytics.js* laden. Dazu verwenden Sie folgendes Skript:

Listing 10.2 JavaScript-Code, um eine lokale Analytics-Datei zu verwenden

```
<script>
(function(i,s,o,g,r,a,m){i['GoogleAnalyticsObject']=r;i[r]=i[r]||function(){
  (i[r].q=i[r].q||[]).push(arguments)},i[r].l=1*new Date();a=s.createElement(o),
  m=s.getElementsByTagName(o)[0];a.async=1;a.src=g;m.parentNode.insertBefore(a,m)
  })(window,document,'script','//www.IHREWEBSITE.com/analytics.js','ga');

  ga('create', 'UA-XXXXXXXX-X', 'auto');
  ga('send', 'pageview');
</script>
```

Wordpress-Tipp

In Wordpress wird Google Analytics meist mit einem Plug-in eingebunden. Um die lokale Variante zu verwenden, können Sie entweder das Plug-in umschreiben oder das Plug-in deaktivieren und das Skript aus Listing 10.2 in der Datei *footer. php* verwenden.

www.ihreseite.seite sollten Sie in die URL ändern, auf der Sie das Analytics-Skript hochgeladen haben. UA-XXXXXXXX-X müssen Sie in Ihre Analytics ID ändern. Diese erhalten Sie in Ihrem Analytics-Konto unter **VERWALTEN > TRACKING-INFORMATIONEN**.

Die Datei *analytics.js* sollte regelmäßig neu heruntergeladen werden, damit Änderungen von Google übernommen werden.

Hierzu können Sie folgendes PHP-Skript verwenden:

Listing 10.3 PHP-Skript, um analytics.js zu aktualisieren

```php
<?php

function download($url) {
    $neu = file_get_contents($url);
    $datei = fopen('analytics.js','a');
    fwrite($datei, $neu);
    fclose($datei);
    mail("ihre@emailadresse.com", "Analytics-Datei", "Die analytics.js-Datei wurde
    erfolgreich aktualisiert");
    }

function vergleich($url1, $url2) {
$web1 = file_get_contents($url1);
$web2 = file_get_contents($url2);

if ($web1 == $web2) {
    echo "Analytics.js auf dem Webserver stimmt mit dem http://www.google
    analytics.com/analytics.js überein";
}

else {
    echo "Analytics.js auf dem Webserver stimmt mit dem http://www.google
    analytics.com/analytics.js überein";
    download("http://www.google-analytics.com/analytics.js");
    }
}

$remote= "http://www.google-analytics.com/analytics.js";
$lokal = "http://www.ihreseite.seite/analytics.js";
vergleich($remote, $lokal);
?>
```

Dieses Skript sollte regelmäßig ausgeführt werden, um die Datei *analytics.js* aktuell zu halten. Am besten wird dies mit einem *Cronjob* gemacht. Ein Cronjob ist eine Aufgabe, die ein Server über einen zeitgesteuerten Prozess regelmäßig durchführt. Hier handelt es sich um einen Aufruf des Skripts zu einem bestimmten Zeitpunkt.

Google Analytics asynchron laden

Die offiziell von Google empfohlene Vorgehensweise, um mit Google Analytics 100/100 Punkte bei PageSpeed Insights zu bekommen, ist, *analytics.js* asynchron zu laden. Dies ist aber nur recht mühsam mit *mod_pagespeed* und einem Filter möglich.

Hinweise dazu:

https://developers.google.com/speed/pagespeed/module/filter-make-google-analytics-async

■ 10.3 Server-Cache

Moderne Webseiten, die mit einem CMS aufgebaut sind, funktionieren nach dem Prinzip von mehreren Schichten (englisch Layers). Damit Sie die Funktionsweise des Server-Cache besser verstehen, werde ich im Folgenden kurz auf das Layer-Prinzip eingehen.

Wie wir in der Einführung gelernt haben, sendet der Browser eine Anfrage an den Webserver. Der Webserver prüft, ob die gesuchte Datei vorhanden ist. Bei dynamischen Seiten, also beispielsweise beim Einsatz von PHP, ASP, JSP, Perl usw., muss der Server den in der Datei enthaltenen Code zuerst interpretieren. Vereinfacht gesagt: Er muss das, was programmiert wurde, ausführen.

Bei fast allen Content-Management-Systemen wird außerdem auf eine Datenbank zugegriffen, um weitere Inhalte zu laden. Der Programm-Code enthält die Anweisung, Inhalte aus der Datenbank zu laden, wofür eine Anfrage an die Datenbank gesendet werden muss. Erst wenn die Datenbank geantwortet hat, wird das Programms weiter abgearbeitet.

Bild 10.2
Der Server stellt die Inhalte einer Webseite zusammen.

Ist das Programm komplett ausgeführt, stellt der Server ein HTML-Dokument zusammen und sendet es an den Browser des Besuchers.

Kommt der Besucher erneut auf diese Seite oder ruft ein anderer Besucher die Seite ab, muss die gesamte Prozedur erneut durchlaufen werden. Auch diese Prozedur kann optimiert werden, was zwar jedes Mal nur einige Millisekunden spart, dennoch lohnt sich der Aufwand – besonders wenn wir viele Besucher gleichzeitig auf unserer Seite haben.

Hier hilft uns der Server-Cache. Beim ersten Abruf einer Seite merkt sich der Cache die Anfrageparameter und das dazugehörige HTML-Dokument. Kommt innerhalb der Ablaufzeit ein weiterer Aufruf für diese Seite, wird der Server nicht die zuvor erwähnte Prozedur abarbeiten. Er sendet dem Browser sofort das im Cache gespeicherte HTML-Dokument.

■ 10.4 Wie können wir den Server-Cache nutzen?

Um das Server-Caching zu nutzen, müssen dynamische Seiten abgerufen und als statische Seiten gespeichert werden. Der Server muss erkennen, wenn ein bestimmtes Dokument, das vom Browser angefragt wurde, im Cache ist, und dieses gegebenenfalls ausführen. Befindet es sich nicht im Cache, muss das ganze Programm ausgeführt werden.

Wordpress bietet zu diesem Zweck einige sehr gute Plug-ins. In anderen CMS wie z.B. Typo3 oder Sulu sind die Caching-Funktionen bereits von Haus aus integriert.

Zwei der Wordpress Plug-ins, die ich für besonders gut halte, möchte Ihnen an dieser Stelle vorstellen und die jeweils erforderlichen Einstellungen erklären.

10.4.1 WP Super Cache

Dieses Plug-in erzeugt ein statisches HTML-Dokument basierend auf dem dynamischen Wordpress-PHP-Skript. Statt bei einem neuen Aufruf das PHP-Skript samt Datenbankabfragen neu auszuführen, wird das gespeicherte Dokument an den Besucher gesendet.

Das Plug-in muss bei einem neuen Aufruf feststellen, ob sich die Datei bereits im Cache befindet, und diese Datei ausliefern. Das kann es auf verschiedene Arten bewerkstelligen, entweder über *mod_rewrite* oder über PHP-Code.

Wenn das Plug-in aus irgendeinem Grund die erforderlichen Features auf Ihrem Server nicht nutzen kann, dann hat es eine Art Plan B zur Hand, das Legacy-Caching. Es nutzt dann eine PHP-Caching-Engine. Diese ist zwar nicht ganz so schnell wie, wenn ein fertiges HTML-Dokument gespeichert wird, aber immer noch viel schneller als gänzlich ohne Cache.

Das Plug-in nutzt das Legacy-Cashing auch für Kommentare und passwortgeschützte Seiten. So profitieren Benutzer in diesem Fall von mehr Geschwindigkeit. Es ist aber möglich, mit den Einstellungen auch das Cachen für eingeloggte Benutzer zu aktivieren.

Hinweis

Um WP Super Cache zu nutzen, müssen Sie Permalinks verwenden. Permalinks sind suchmaschinenfreundliche URLs. Um diese zu aktivieren wählen Sie EINSTELLUNGEN > PERMALINKS und dann jede Struktur außer Standard. Suchmaschinenfreundliche URLs sind gut für das Ranking bei Google. Darum spricht hier nichts dagegen.

Das Verzeichnis *wp-content/cache/*, welches vom Plug-in angelegt wird, dient nur für die temporären HTML-Dokumente. Sie sollten in diesem Verzeichnis keine Daten hinzufügen und nichts ändern.

10.4.1.1 Empfohlene Einstellungen für das Plug-in

Damit Sie das Beste aus diesem Plug-in herausholen, empfehle ich folgende Einstellungen:

Caching Mode

Standardmäßig ist der Legacy Cashing Mode eingestellt. Im Wordpress-Backend und unter EINSTELLUNGEN > WP-SUPERCACHE finden Sie diese Auswahlmöglichkeiten auf der Registerkarte ERWEITERT.

Easy	**Erweitert**	CDN	Inhalte	Preload	Plugins	Debug

Caching ☐ Cache Treffer auf diese Webseite für schnellen Zugriff. *(Empfohlen)*

⦿ Nutze mod_rewrite um Cache-Dateien auszuliefern.

○ Nutze PHP um Cache-Dateien auszuliefern. *(Empfohlen)*

○ Legacy Page-Caching.

Mod_rewrite ist am schnellsten, PHP ist fast genau so schnell und einfacher ans Laufen zu kriegen, währen Legacy-Caching langsamer läuft, aber flexibler und ebenso leicht zu aktivieren. Neulinge sollten PHP-Caching wählen.

Bild 10.3 WP Supercache: Erweiterte Einstellungen

Am besten wählen Sie den obersten Punkt MOD_REWRITE. Sollte das zu Problemen führen, können Sie alternativ NUTZE PHP... wählen.

- **mod_rewrite**
  Die schnellste Variante ist, über das Modul mod_rewrite zu gehen. Dabei wird die Anfrage (Request) so umgeschrieben, dass sie nicht mehr auf die PHP-Datei gerichtet ist, sondern auf das fertige, im Cache gespeicherte HTML-Dokument zielt. Voraussetzung hierfür ist, dass das Modul installiert ist und Schreibrechte auf die .htaccess-Datei bestehen.

- **PHP**
  Ist die Umleitung über mod_rewrite nicht möglich, kann das Plug-in das Caching über PHP ausführen. Das ist zwar nicht ganz so schnell, aber immer noch deutlich schneller als ohne Caching.

Dabei prüft das PHP-Skript zu Beginn, ob eine Cache-Datei vorhanden ist, und gibt diese zurück. Befindet sich kein HTML-Dokument im Cache, wird das PHP-Skript zu Ende ausgeführt und eine Cache-Datei angelegt.

Für eingeloggte Benutzer wie Administratoren und Redakteure ist das Caching aber nicht ideal, weil sich ständig etwas auf der Seite ändert. Aus diesem Grund wird mit einer Bypass-Funktion in diesem Fall nur ein kleiner Teil der Seite gecached. Die dynamischen Inhalte werden mittels dieses Bypasses aus der Datenbank geladen.

Ablaufdatum

Damit Änderungen auf der Seite bei Benutzern angezeigt werden, muss der Cache ein Ablaufdatum haben. Auf der Registerkarte **ADVANCED** finden Sie **EXPIRY TIME & GARBAGE COLLECTION**. Bei *Timer* können Sie die Ablaufzeit in Sekunden oder bei *Clock* den Ablauf zu einem bestimmten Zeitpunkt angeben.

Expiry Time & Garbage Collection

UTC-Zeit ist `2015-11-08 12:31:20`

Next scheduled garbage collection will be at 2015-11-08 12:17:01 UTC

Warning! **PRELOAD MODE** activated. Supercache files will not be deleted regardless of age.

| Cache Timeout | 1800 | seconds |

How long should cached pages remain fresh? Set to 0 to disable garbage collection. A good starting point is 3600 seconds.

Scheduler

⊙ Timer: `600` seconds
Check for stale cached files every *interval* seconds.

○ Clock: `HH:MM`
Check for stale cached files at this time (UTC) or starting at this time every *interval* below.

Interval: Once Weekly ▾

Bild 10.4 WP Super Cache – Ablaufzeit richtig setzen

Es gibt hier keinen richtigen oder falschen Wert. Es kommt sehr auf die jeweilige Seite an und darauf, wie oft diese geändert wird. Außerdem wirkt sich die Besucherzahl aus. Hat eine Webseite nur einen Besucher pro Stunde und läuft der Cache innerhalb von einer Stunde ab, so muss die Seite ohnehin bei jedem Aufruf neu geladen werden. Die ganze Mühe war dann umsonst.

Wenn andererseits die Seite extrem viele Unterseiten hat, die nur selten besucht werden, müssten alle diese Seiten im Cache gespeichert werden. Das würde Arbeitsspeicher und Ladezeit kosten.

Zu Beginn würde ich die Ablaufzeit auf zwei Tage festlegen und beobachten, wie es funktioniert. Gegebenenfalls kann man die Ablaufzeit dann anpassen.

Wenn ein Beitrag geändert wird, wird der Cache übrigens automatisch gelöscht. Bei Änderungen an Widgets oder im Code wird der Cache hingegen nicht automatisch gelöscht. Dann muss dieser unter EINSTELLUNGEN > WP SUPER CACHE > CACHE LEEREN gelöscht und neu aufgebaut werden.

Unter Preload

Bei Unterseiten kann es vorkommen, dass diese nicht täglich besucht werden. Dann muss bei einem neuen Besucher der Caching-Prozess durchgeführt werden, womit der erwartete Geschwindigkeitsgewinn obsolet ist. Darum bietet WP Super Cache die Möglichkeit, den Caching-Vorgang automatisch durchzuführen.

Unter den Plug-in-Einstellungen auf der Registerkarte PRELOAD können Sie Preload aktivieren. Das bedeutet, dass das Plug-in automatisch alle Seiten und Beiträge neu lädt und HTML-Dokumente erstellt, ohne dass ein Aufruf der Seite erfolgen soll.

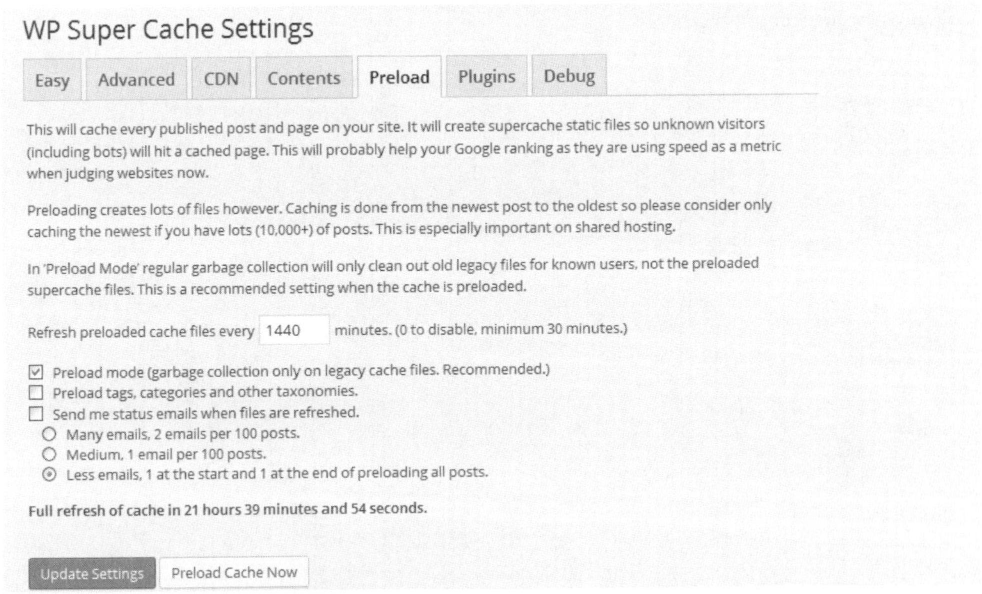

Bild 10.5 WP Super Cache – Preload-Einstellungen

Hier gilt wieder: Zu viele Seiten, die nie besucht werden benötigen sehr viel Speicher.

10.4.2 W3 Total Cache

Das zweite Caching Wordpress-Plug-in, das ich vorstellen möchte, ist W3 Total Cache. Dieses Plug-in lässt sich feiner einstellen als WP Super Cache, ist dadurch aber auch etwas komplizierter Plug-in. So kann man z. B. einstellen, dass nur die Startseite gecached wird, dass Get-Parameter mit berücksichtigt werden oder dass das Caching nur für bestimmte Nutzergruppen stattfindet. Get ist eine Methode um beim Aufruf einer URL zusätzliche Informationen an den Server zu übermitteln. Dies erkennen Sie an einem Fragezeichen in der URL.

Weitere Features von W3 Total Cache, die WP Super Cache nicht enthält:

- HTML und CSS minify ... eine Funktion, die HTML- und CSS-Dateien minimiert. Mehr zu diesem Thema finden Sie in Abschnitt 6.2 „CSS-Dateien reduzieren (minify)"
- Datenbank-Cache
- Browser-Cache aktivieren
- Schnittstelle zu externen Caching-Servern wie Varnish.

Empfohlene Einstellungen für das Plug-in

Wenn Sie das Plug-in installiert und aktiviert haben, müssen Sie das Caching zusätzlich einschalten, bevor Sie in den Genuss der Funktionen kommen. Dazu aktivieren Sie in Ihrem Wordpress-Backend unter PERFORMANCE > GENERAL SETTINGS die jeweiligen Caching-Stufen. Ich empfehle, Page-Cache, Database-Cache und Object-Cache zu aktivieren.

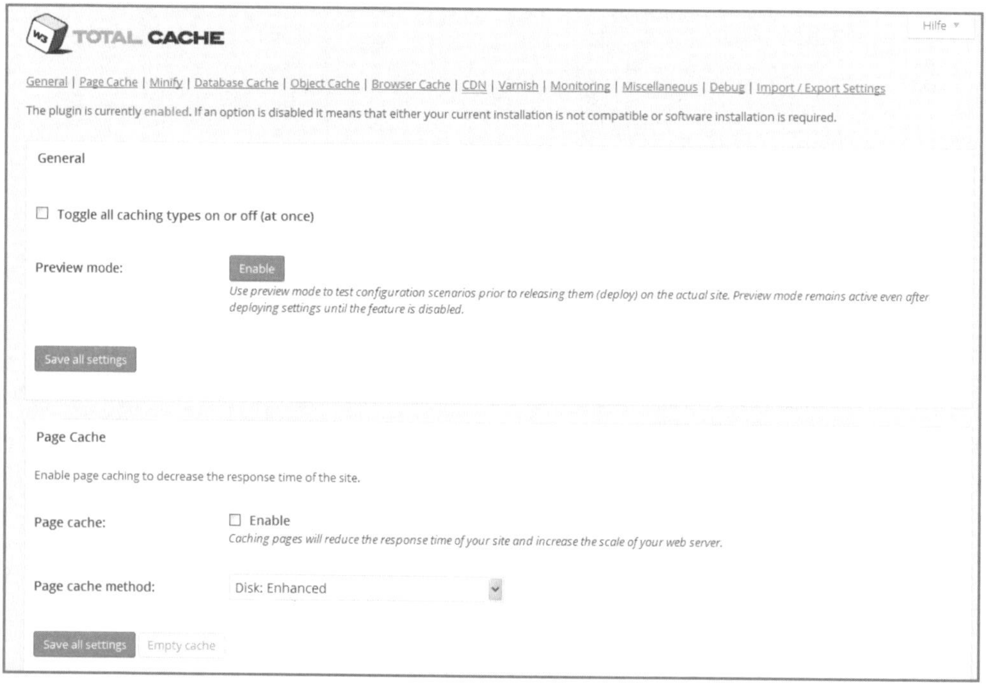

Bild 10.6 W3 Total Cache – Einstellungen

Sie können wie bei Super Cache auswählen, ob das Caching über PHP läuft oder ob die HTML-Dokumente über eine Rewrite-Regel in der .htaccess-Datei direkt zur Verfügung gestellt werden sollen. Dazu muss man in den Einstellungen unter PAGE CACHE die Auswahl auf „Disk:Enhanced" stellen. Hierfür ist freilich das Schreibrecht für die .htaccess-Datei erforderlich.

Welches Plug-in ist besser? Wenn ich nicht in einem Sonderfall auf eine der zusätzlichen Features angewiesen bin, würde ich mich für WP Super Cache entscheiden. Es sind aber beide Plug-ins sehr gut.

Das CMS Joomla! verfügt ebenfalls über keinen Ab-Werk-Cache. Aber auch für Joomla! gibt es eine kostenlose Erweiterung, mit deren Hilfe Sie einen Server-Cache einrichten können.

Bild 10.7
Joomla-Logo

Dieses Plug-in können Sie kostenlos unter *http://extensions.joomla.org/extension/jotcache* herunterladen und im Backend Ihrer Webseite unter EXTENSIONS installieren.

10.4.3 Externer Server-Cache

Wenn Sie ein CMS verwenden, welches kein Caching vorgesehen hat oder es mittels Plug-ins nicht ermöglichen können, haben Sie die Möglichkeit einen eigenen externen Caching-Server zu nutzen.

Der bekannteste ist *Varnish*. Er funktioniert sehr ähnlich wie das zuvor beschriebene Server-Caching, nur dass die gecachten Daten nicht auf dem Webserver liegen, sondern auf einem eigenen Server.

Ein externer Caching-Server ist auch hilfreich, wenn Sie auf Ihrer Webseite sehr viele Besucher zur selben Zeit haben und Ihr Webserver nicht stark genug ist, um die Besucherströme zu handlen.

Der Caching-Server ruft in regelmäßigen Abständen die Seiten auf dem Webserver ab, erzeugt HTML-Dokumente und hält diese vor. Der DNS-Eintrag für die Domain muss auf den Caching-Server zeigen. Beim Abruf der URL werden dann vom Caching-Server die vorgehaltenen HTML-Dokumente ausgeliefert.

Wenn Sie auf der Seite etwas ändern und nicht warten wollen, bis der Caching-Server die Seite neu abruft, können Sie ihn darüber informieren, dass er eine bestimmte Seite neu laden soll. Verwenden Sie Wordpress, dann können Sie dies mit dem Plug-in *Varnish HTTP Purge* bewerkstelligen. Es sendet bei jeder Änderung an einer Seite oder einem Beitrag diese Information an den externen Cashing-Server und die jeweilige Seite wird neu gecached.

10.4.4 Cashing mit Varnish

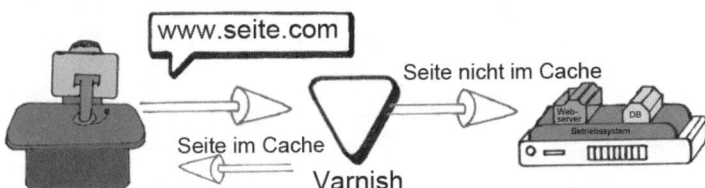

Bild 10.8 Caching mit Varnish

Varnish können Sie nur auf Ihrem eigenen Server oder V-Server installieren (zum Thema Server später mehr im Kapitel 12 „Webserver optimieren"). Sie können Varnish aber auf demselben Server betreiben, auf dem Ihre Webseite läuft. Bei einigen Control-Panels, das sind grafische Verwaltungsoberflächen von Webservern, sind bereits Konfigurationsmöglichkeiten für Varnish vorgesehen. Wenn das bei Ihrem Server nicht der Fall ist, müssen Sie Varnish selbst installieren.

Am Beispiel eines Ubuntu-Servers werde ich zeigen, wie die Installation von Varnish funktioniert. Bei anderen Linux-Distributionen ist diese Vorgehensweise sehr ähnlich.

Verbinden Sie sich mittels SSH mit Ihrem Server. Dabei hilft Ihnen ein SSH-Client wie PuTTY (siehe Kapitel 3.6, „SSH-Verbindung herstellen").

Es öffnet sich ein Fenster. Loggen Sie sich als Root ein und geben in der Kommandozeile folgende Befehle ein:

```
sudo apt-get update
sudo apt-get varnish install
```

Nun müssen Sie den Port ändern, auf dem Ihr Webserver (Apache, nginx, Litespeed …) läuft. Varnish muss nun von diesem Server auf diesen Port die Webseite laden. Dies konfigurieren wir folgendermaßen:

```
cd /etc/default
```

Öffnen Sie die Datei *varnish* mit einem Texteditor, z. B. Vi. Dazu geben Sie ein:

```
vi varnish
```

Die im Bild unten weiß markierten Zeilen müssen Sie entsprechend dem Listing darunter ändern:

```
# This file contains 4 alternatives, please use only one.

## Alternative 1, Minimal configuration, no VCL
#
# Listen on port 6081, administration on localhost:6082, and forward to
# content server on localhost:8080.  Use a 1GB fixed-size cache file.
#
# DAEMON_OPTS="-a :6081 \
#              -T localhost:6082 \
#           -b localhost:8080 \
#           -u varnish -g varnish \
#           -S /etc/varnish/secret \
#           -s file,/var/lib/varnish/$INSTANCE/varnish_storage.bin,1G"


## Alternative 2, Configuration with VCL
#
# Listen on port 6081, administration on localhost:6082, and forward to
# one content server selected by the vcl file, based on the request.
# fixed-size cache file.
#
DAEMON_OPTS="-a :6081 \
```

Bild 10.9 Varnish: Konfigurationsdatei

Listing 10.4 Erforderliche Änderungen in /etc/default/varnish

```
DAEMON_OPTS="-a :80 \
            -T localhost:6082 \
            -f /etc/varnish/default.vcl \
            -S /etc/varnish/secret \
            -s malloc,256m"
```

Backend

Standardmäßig läuft der Webserver auf dem Port 80. Diesen Port benötigen wir für Varnish. Darum müssen wir den dahinter liegenden Webserver konfigurieren. Ich zeige das nun am Beispiel von Apache. Wechseln Sie in das Apache-Verzeichnis:

```
cd etc/apache2
```

Dort befindet sich die Datei *ports.conf*. Öffnen Sie diese Datei:

```
vi ports.conf
```

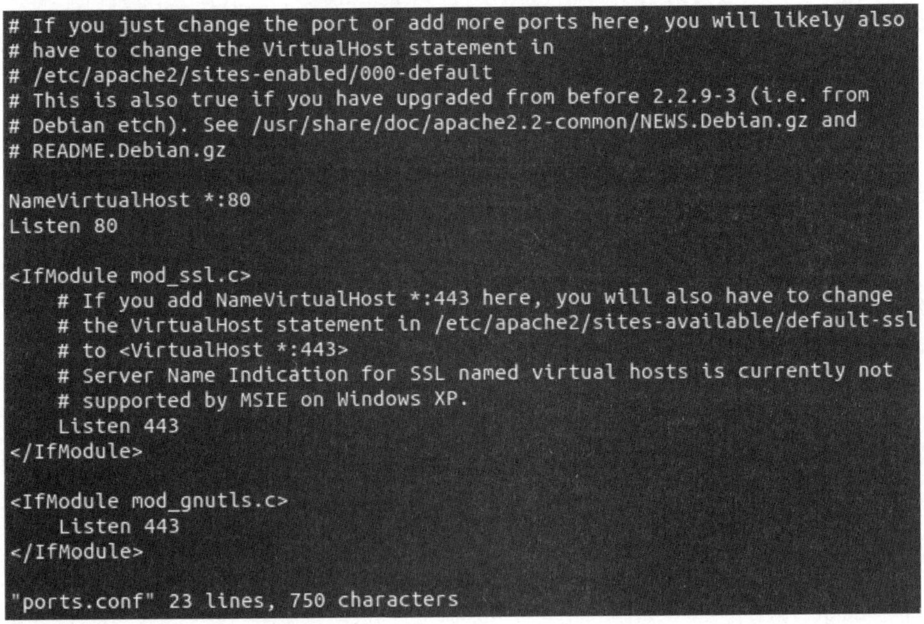

```
# If you just change the port or add more ports here, you will likely also
# have to change the VirtualHost statement in
# /etc/apache2/sites-enabled/000-default
# This is also true if you have upgraded from before 2.2.9-3 (i.e. from
# Debian etch). See /usr/share/doc/apache2.2-common/NEWS.Debian.gz and
# README.Debian.gz

NameVirtualHost *:80
Listen 80

<IfModule mod_ssl.c>
    # If you add NameVirtualHost *:443 here, you will also have to change
    # the VirtualHost statement in /etc/apache2/sites-available/default-ssl
    # to <VirtualHost *:443>
    # Server Name Indication for SSL named virtual hosts is currently not
    # supported by MSIE on Windows XP.
    Listen 443
</IfModule>

<IfModule mod_gnutls.c>
    Listen 443
</IfModule>

"ports.conf" 23 lines, 750 characters
```

Bild 10.10 Varnish: Portkonfiguration

Ändern Sie die Zeilen:

```
NameVirtualHost *:80
Listen 80
```

in

```
NameVirtualHost *:6081
Listen 6081
```

Betreiben Sie auf Ihrem Server mehrere Webseiten und wollen Sie den Varnish-Cache nur für einzelne Seiten nutzen, können Sie die Ports für die jeweilige Seite in den vhost-Konfigurationsdateien ändern.

Diese finden Sie in: `/etc/apache2/sites-available/`

Öffnen Sie die jeweilige .vhost-Datei:

```
<VirtualHost *:80>
        ServerAdmin webmaster@localhost

        DocumentRoot /var/www
        <Directory />
                Options FollowSymLinks
                AllowOverride None
        </Directory>
        <Directory /var/www/>
                Options Indexes FollowSymLinks MultiViews
                AllowOverride None
                Order allow,deny
                allow from all
        </Directory>

        ScriptAlias /cgi-bin/ /usr/lib/cgi-bin/
        <Directory "/usr/lib/cgi-bin">
                AllowOverride None
                Options +ExecCGI -MultiViews +SymLinksIfOwnerMatch
                Order allow,deny
                Allow from all
        </Directory>
```

Bild 10.11 Apache vhost-Datei

Die Einstellung für den Port befindet sich in: `<VirtualHost *:80>`.

Diesen Port müssen Sie ändern. Beispielsweise:

```
<VirtualHost *:6081>
```

Varnish muss nun noch wissen, wo die Inhalte geholt werden können:

```
cd etc/varnish
```

Öffnen Sie die Datei *default.vcl*

```
vi default.vcl
```

```
# This is a basic VCL configuration file for varnish.  See the vcl(7)
# man page for details on VCL syntax and semantics.
#
# Default backend definition.  Set this to point to your content
# server.
#
backend default {
    .host = "127.0.0.1";
    .port = "8080";
}
#
# Below is a commented-out copy of the default VCL logic.  If you
# redefine any of these subroutines, the built-in logic will be
# appended to your code.
# sub vcl_recv {
#     if (req.restarts == 0) {
#        if (req.http.x-forwarded-for) {
#            set req.http.X-Forwarded-For =
#                req.http.X-Forwarded-For + ", " + client.ip;
#        } else {
#            set req.http.X-Forwarded-For = client.ip;
#        }
#     }
"default.vcl" 124 lines, 3125 characters
```

Bild 10.12 Varnish: Backend-Einstellungen

Setzen Sie nun den Port, auf den wir zuvor den Webserver eingestellt haben:

```
backend default {
    .host = "127.0.0.1";
    .port = "6081";
}
```

Varnish wurde für Webserver mit sehr vielen gleichzeitigen Besuchern entwickelt. Darum liegt die Ablaufzeit (ttl) für gecachete Dateien nur bei zwei Minuten. Bei Seiten mit weniger Besuchern sollten Sie diesen Wert erhöhen.

Wie hoch dieser Wert sein soll, hängt zum einen von der Anzahl Ihrer Besucher und zum anderen von der Aktualität einer Seite ab. Wird Ihre Seite mehrmals täglich geändert, müssen Sie den Wert entsprechend niedrig halten. Bei wenigen Änderungen empfehle ich, die Gültigkeit auf einen Tag, also 1440 Sekunden einzustellen:

```
sub vcl_fetch {
    set beresp.ttl = 1440s;
}
```

Purge

Wenn Sie eine Änderung durchgeführt haben und möchten, dass diese sofort online ist, müssen Sie den Cache leeren. In der Fachsprache nennt man das *Purge*.

Verbinden Sie sich über einen SSH-Client mit Ihrem Server und geben Folgendes ein:

```
sudo varnishadm "ban req.http.host ~ www.ihreseite"
```

Damit werden alle bestehenden Cache-Dateien ungültig und bei der nächsten Anfrage neu erstellt. Dies sollten Sie nicht zu einem Zeitpunkt tun, an dem auf dem Server sehr viel Besucher sind.

 Wordpress-Tipp

Setzen Sie Varnish vor einer Wordpress-Webseite ein, können Sie mit dem Plug-in *Varnish HTTP Purge* diesen Prozess automatisiert anstoßen, sobald Sie eine Seite oder einen Beitrag ändern.

https://de.wordpress.org/plugins/varnish-http-purge/

10.4.5 Statische Seite

Es kann sein, dass Sie einen Webserver wie z.B. nginx verwenden, der weniger Einstellungsmöglichkeiten bietet, Ihr Webserver sehr ausgelastet ist oder verschiedene Module nicht installiert sind, die für das effiziente Server-Caching erforderlich sind.

Es gibt einen Trick, der Ihnen ermöglicht, die Seite wie beim Caching abzurufen und das daraus erzeugte HTML-Dokument in einem Zwischenspeicher vorrätig zu halten. Bei dieser Variante wird die HTML-Datei direkt in das Verzeichnis gespeichert ist, in dem Ihre Webseite liegt. Außerdem bietet sie ein deutliches Sicherheits-Plus für Ihre Wordpress-Seite.

Ein weiterer Aspekt: nginx ist deutlich schneller als Apache. Der Schwachpunkt von nginx liegt darin, dass es dynamische Inhalte wie PHP nicht so gut verarbeiten kann wie Apache. Darum ist es schwieriger, Wordpress auf nginx zum Laufen zu bekommen. Bei statischen Dateien hat nginx aber klar die Nase vorne.

Um aus beiden Welten die Rosinen herauszupicken, könnten Sie zwei unterschiedliche Server verwenden.

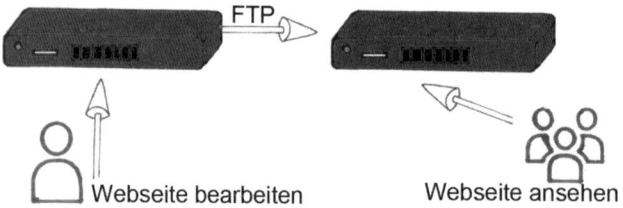

Bild 10.13 Statische Webseite auf einem externen Server

Sie benötigen dafür nicht zwingend einen zweiten Webspace oder einen zweiten Server. Wenn Sie Subdomains oder verschiedene Ports verwenden, können Sie den Backend-Teil und die statische Version auf demselben Server betreiben.

10.4.5.1 Wordpress statisch machen

Nun stehen wir vor der Herausforderung, dass unsere Webseite vom Backend-Server auf den Web-Server gelangt. Für Wordpress gibt es ein Plug-in, mit dem Sie dies umsetzen können – es heißt Really-Static[1]. Damit Sie dieses Plug-in nutzen können, muss Ihre Wordpress-Installation in einem anderen Verzeichnis (z. B. www.ihreseite.seite/wordpress) oder noch besser auf einem anderen Server laufen. Wie bereits erwähnt, kann dies Ihr eigener PC sein.

Nach der Installation des Plug-ins müssen Sie ihm in den Einstellungen sagen, wo die fertige Seite gespeichert werden soll. Das kann einerseits direkt über das Verzeichnis erfolgen. Liegt die Zielseite auf einem externen Server, müssen Sie die FTP-Daten von diesem Server angeben.

Klicken Sie auf ALLE SEITEN NEU SCHREIBEN, dann ruft das Plug-in alle Seiten und Beiträge auf und erstellt die entsprechenden HTML-Dateien. Das gilt auch für Archiv- und Kategorienseiten. Anschließend werden die Seiten auf den Zielserver geladen.

Ändern Sie eine Seite oder einen Beitrag, wird diese Prozedur automatisch für alle betroffenen Seiten wiederholt.

Der Zielserver beinhaltet nun ausschließlich die HTML-Dateien. Das hat natürlich einen Nachteil: Benutzerinteraktionen wie Kommentare funktionieren nicht mehr. Dafür ist ein Einloggen über IHRESEITE.SEITE/WP-ADMIN nicht möglich, was es Angreifern erschwert.

Zudem können Sie, wenn es sich um Ihren eigenen Server handelt, PHP und andere Module deaktivieren. Dadurch wird die Seite noch schneller und sicherer.

 SEO-TIPP

Die Installation sollte in diesem Fall so eingestellt werden, dass die Originalseite nicht von Google gecrawlt werden darf. Ansonsten besteht die Gefahr, dass die Seite als Duplicate-Content eingestuft wird und Ihrer eigentlichen Webseite schadet.

10.4.5.2 Andere CMS

Verwenden Sie auf Ihrer Webseite kein Wordpress, hilft Ihnen dieses Plug-in leider nicht. Dafür gibt es mit *HTTrack Website Copier* eine Desktop-Software (verfügbar für Windows und Linux unter *http://www.httrack.com*).

Nach dem Start leitet Sie der Assistent durch das Programm. Zuerst müssen Sie einen Namen für das Projekt anlegen.

Im zweiten Dialogfenster geben Sie die URL Ihrer Webseite ein. Wählen Sie dabei AUTOMATISCHE WEBSITE-KOPIE.

---

[1] *https://wordpress.org/plugins/really-static/*

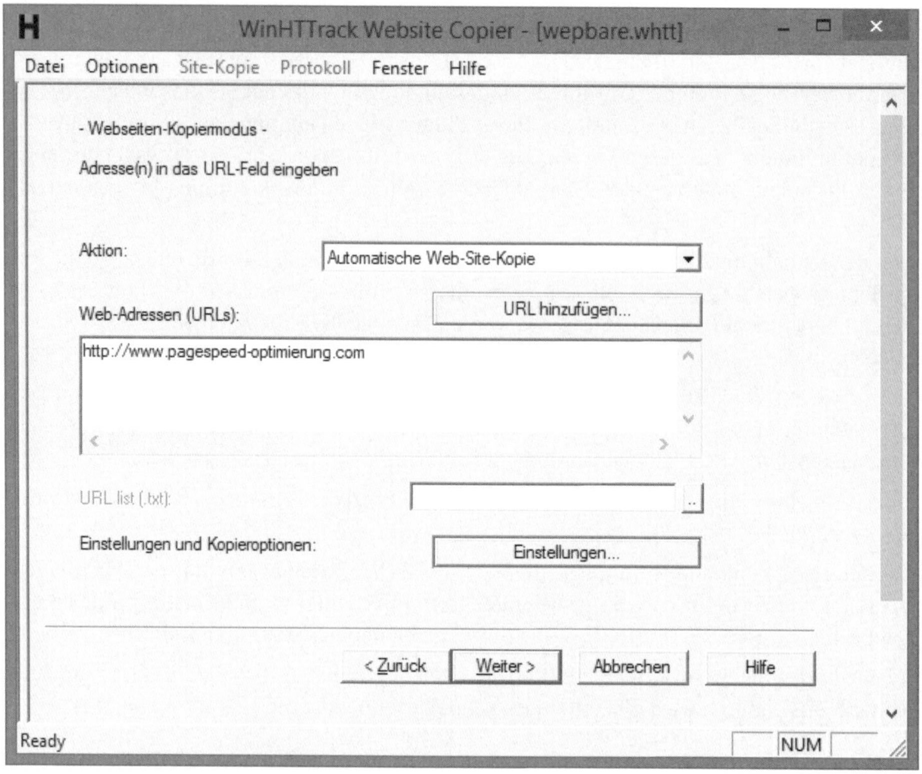

Bild 10.14 HTTrack – Screenshot

Nun starten Sie den Download und das Programm sucht und lädt alle Unterseiten herunter. Wichtig ist dabei, dass die Unterseiten über die Startseite verlinkt sind, da HTTrack sie ansonsten nicht finden kann. Haben Sie auf der Seite nicht verlinkte Unterseiten, müssen Sie diese gesondert angeben.

Nachdem alle Seiten gespeichert wurden, können Sie über FTP diese Dokumente auf den Webserver laden. Nutzen Sie denselben Server wie bisher, sollten Sie von den bestehenden Daten unbedingt eine Sicherungskopie anlegen.

Diese Methode ist aber nicht für jede Webseite geeignet. Wenn Sie auf der Webseite sehr viele Änderungen vornehmen, stehen Sie vor der Herausforderung, diesen Prozess in Ihren Workflow einzubauen.

SEO-Tipp

HTTrack ersetzt die Dateiendung .php durch .html. Wenn Sie auf Ihrer Webseite zuvor .php als Dateiendung verwendet haben, ist es sehr wahrscheinlich, dass Google und andere Suchmaschinen die Seiten mit .php indexiert haben.

Hinterlegen Sie in der .htaccess-Datei folgende Rewrite-Regel:

```
RewriteEngine on
RewriteRule ^(.*).php$ $1.html
```

Damit bleiben die URLs nach wie vor über .php erreichbar.

Alternativ können Sie über die Google Search Console eine aktuelle Sitemap hochladen, um Google die aktuelle Struktur der Seite mitzuteilen.

Link: *https://www.google.com/webmasters/tools*

CDN – Content Delivery Networks

Aufwand:	Schwierigkeitsgrad:	Nutzen:
Hoch	Gering	Unterschiedlich

Die Verwendung von CDNs wird immer wieder ins Spiel gebracht, wenn es um Pagespeed-Optimierung geht. Tatsächlich kann ein Content Delivery Network ein Mehr an Geschwindigkeit und Performance bedeuten, aber es kann auch kontraproduktiv sein.

Immer wieder sehe ich Webseiten, die sich eindeutig an eine regionale oder gar lokale Zielgruppe richten, aber trotzdem ein CDN verwenden. Bei manchen Webagenturen scheint der Glaube vorzuherrschen, dass ein CDN einer Webseite in jedem Fall mehr Geschwindigkeit bringt. Leider ist in manchen Fällen aber sogar das Gegenteil der Fall.

■ 11.1 Was ist ein CDN?

Je kürzer der Weg, desto schneller wird eine Webseite geladen. Wenn nun eine Webseite auf einem Server in Frankfurt liegt und ein Besucher aus New York diese Seite sehen möchte, muss der gesamte Inhalt über den halben Globus transportiert werden. Das gilt natürlich auch, wenn wir in Europa eine Seite von einem Server in den USA aufrufen:

```
C:\windows\system32\cmd.exe

C:\>
C:\>tracert whitehouse.gov

Routenverfolgung zu whitehouse.gov [2.17.223.63] über maximal 30 Abschnitte:

  1    <1 ms    <1 ms    <1 ms  ZyXEL.Home [192.168.2.1]
  2     9 ms     9 ms     9 ms  213.3.242.151
  3     9 ms     9 ms     9 ms  213.3.246.74
  4    10 ms    10 ms     9 ms  195.186.0.66
  5     9 ms     9 ms    11 ms  195.186.0.66
  6    20 ms    20 ms    20 ms  i00ams-005-ae0.bb.ip-plus.net [138.187.129.27]
  7    21 ms    20 ms    20 ms  eri.ams1.nl.above.net [80.249.208.122]
  8    21 ms    20 ms    20 ms  ae8.cr1.ams5.nl.zip.zayo.com [64.125.30.205]
  9    26 ms    31 ms    33 ms  ae4.mpr1.fra3.de.zip.zayo.com [64.125.32.105]
 10    26 ms    26 ms    26 ms  ae8.mpr1.fra4.de.zip.zayo.com [64.125.26.234]
 11    30 ms    32 ms    37 ms  94.31.31.2.IPYX-084269-001-ZYO.above.net [94.31.
31.2]
 12    26 ms    26 ms    26 ms  2.17.223.63

Ablaufverfolgung beendet.
```

Bild 11.1 Route einer Webseite aus den USA, die von Europa aus angerufen wird

Sie müssen den Code in Bild 11.1 nicht verstehen. Ich möchte Ihnen nur verdeutlichen, dass die Webseite zahlreiche Knotenpunkte durchlaufen muss, bis sie am Ziel ist.

Bild 11.2
Satellit

Wenn Sie eine internationale Webseite mit (vielen) Besuchern betreiben, ist es sinnvoll, diese auf verschiedenen Servern in verschiedenen Ländern verteilt vorrätig zu halten. Ohne CDN muss der Besucher aus Europa die Webseite über Satellit (siehe Bild 11.2) oder Unterseekabel herunterladen, wenn der Webserver in den USA steht und umgekehrt. Mit CDN lädt der Browser des Benutzers die Webseite vom nächstgelegenen Webserver.

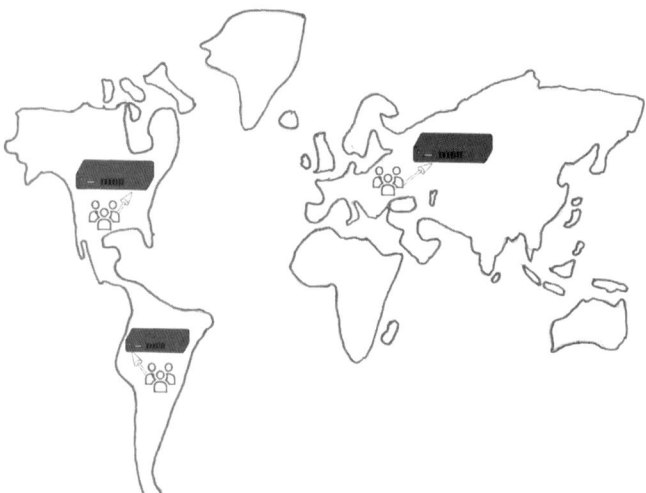

Bild 11.3 Ein CDN mit Servern in verschiedenen Teilen der Welt

In den meisten Fällen wird auf diesen Servern dann eine gecachte Version gespeichert, sodass wir zwei Fliegen mit einer Klappe geschlagen haben.

Für Webseiten mit einem regionalen Publikum lohnt sich diese Technik jedoch nicht. Zum einen verursacht das CDN zusätzliche Kosten und zum anderen besteht ein gewisses Ausfallrisiko. Wenn Sie mit einem größeren CDN arbeiten, teilen Sie sich das Netzwerk mit vielen anderen Kunden. Dabei kann es vorkommen, dass ein Server ausfällt und Ihre Webseite in einer Region vorübergehend nicht erreichbar ist. Große Vorteile bringt der Einsatz eines CDN vor allem, wenn viele große Dateien wie Fotos oder Videos auf einer Webseite verwendet werden, da diese meist hohe Datenmengen verursachen.

■ 11.2 Wie richtet man ein CDN ein?

Die Einrichtung ist leichter, als man denkt und funktioniert bei jedem Anbieter etwas anders. Es gibt aber grundsätzlich zwei Wege. Entweder das CDN holt sich die Daten, indem es diese von Ihrem Server abruft, oder Sie laden die Daten auf den Server des CDN-Anbieters.

Dies sind einige Anbieter von Content Delivery Networks:

USA	Deutschland
• *http://aws.amazon.com/de/* • *http://www.cloudflare.com* • *https://www.cdn77.com/*	• *https://www.ovh.de/cdn/* • *http://www.plusserver.de*

Die meisten Anbieter rechnen die Nutzung des CDN nach übertragenen Daten ab. Bei Cloudflare gibt es eine kostenlose Version. Anhand dieses Angebots möchte ich die Einrichtung eines CDN beispielhaft erklären. Bei anderen Anbietern funktioniert die Einrichtung ähnlich.

Beispiel Cloudflare

Zuerst melden Sie sich auf *http://www.cloudflare.com* an. Im zweiten Schritt geben Sie die URL der Webseite ein. Danach analysiert Cloudflare die Webseite. Als Resultat dieser Überprüfung werden Ihnen die aktuellen DNS-Einträge für die Domain angezeigt.

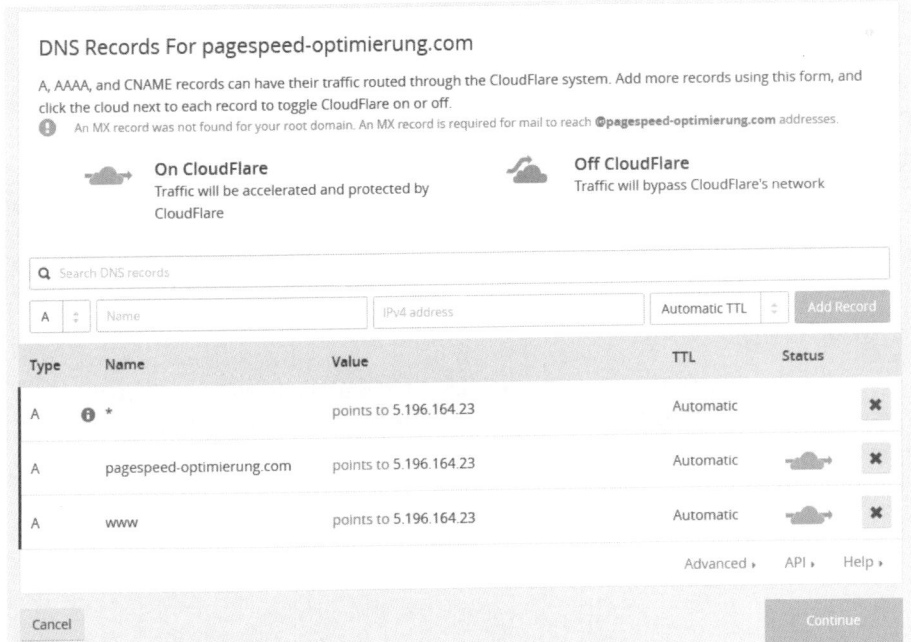

Bild 11.4 Cloudflare CDN einrichten

Nun zeigt Ihnen Cloudflare die DNS-Einträge an, die Sie ändern müssen.

Change Your Nameservers

Your website will not experience any downtime when you change your nameservers.

---

pagespeed-optimierung.com is registered with internetworx ltd. & co. kg

ℹ The transfer process can take up to 24 hours. There will be no downtime when you switch your name servers. Traffic will gracefully roll from your old name servers to the new name servers without interruption. Your site will remain available throughout the switch.

Current Nameservers	Change Nameservers to:
ns.inwx.de	adam.ns.cloudflare.com
ns2.inwx.de	etta.ns.cloudflare.com
ns3.inwx.eu	Remove this nameserver
ns4.inwx.com	Remove this nameserver
ns5.inwx.net	Remove this nameserver

Help ›

Cancel   Continue

Bild 11.5 Cloudflare – neue DNS-Einträge

Beim Registrar der Domain können Sie die DNS-Einträge ändern. Nicht alle Registrare ermöglichen dies über das Web-Interface. In diesem Fall müssen Sie per E-Mail um die Durchführung der entsprechenden Änderung bitten.

Nachdem die Nameservereinträge geändert wurden, können Sie die Installation von Cloudflare fortsetzen.

Mit *http://www.webpagetest.org* können Sie testen, wie sich die Ladezeit durch die Nutzung des Content Delivery Networks verändert hat. Achten Sie dabei auf den Standort, den Sie auswählen. Bis Ihre Seite vollständig auf allen Cloudflare-Servern verteilt wurde, kann dies bis zu 24 Stunden dauern.

 SEO-Tipp

Der Serverstandort in dem Land, für das die Webseite ausgerichtet ist, kann auch zu besseren Platzierungen bei Google in diesem Land führen. Den Serverstandort können Sie mit *http://www.utrace.de* überprüfen.

12 Webserver optimieren

Aufwand:	Schwierigkeitsgrad:	Nutzen:
Mittel	Mittel	Unterschiedlich

■ 12.1 Sie brauchen keinen teuren Server!

Viele Webagenturen erzählen den Kunden, dass sie unbedingt einen teuren Server für eine schnelle Webseite benötigen. Das stimmt so nicht ganz. Wer ein wenig technisches Verständnis mitbringt oder sich aneignet, kann auch ohne einen teuren Server innerhalb von sehr kurzer Zeit den Wert von 100/100 bei Google PageSpeed Insights erreichen.

Natürlich hat ein schneller Server auch Vorteile, wirklich gebraucht wird ein Hochleistungsserver aber nur, wenn sehr viele Besucher gleichzeitig auf der Webseite sind.

Seiten mit nur wenigen Besuchern gleichzeitig können eine gute Ladezeit auch mit einem Shared Hosting erreichen. Beim Shared Hosting teilen sich mehrere Webseitenbetreiber Ressourcen auf einem Server und somit auch die Kosten.

Wie stellen wir fest, ob unser Hosting oder unser Server gut ist? Einen Ansatz dafür bietet Google PageSpeed Insights. Gibt Google PageSpeed Insights die Handlungsempfehlung *„Antwortzeit des Servers verbessern"*, kann das ein Anzeichen für einen langsamen Server sein, muss es aber nicht. Es kann auch sein, dass das Abarbeiten des aktiven Teils der Webseite (PHP usw.) zu lange dauert. Daher sollten Sie zuerst das Server-Caching aktivieren (siehe Kapitel 10, Zwischenspeichern (Cache)). Mit dem Caching muss der Webserver diesen Prozess nicht bei jedem Webseitenaufruf durchlaufen, sondern kann ein bereits zwischengespeichertes HTML-Dokument ausliefern. Wie das funktioniert, ist im Abschnitt 10.3, Server-Cache, beschrieben.

Analysieren wir unsere Seite mit *http://www.webpagetest.org*, können wir feststellen, wie lange es dauert, bis der Browser das erste Byte erhalten hat. Diesen Wert nennen wir "Time to first byte".

Ist der Cache aktiviert und die Antwortzeit des Servers noch immer nicht befriedigend, können wir uns daran machen, die Leistung des Servers zu steigern oder das Webhosting bzw. den Server zu wechseln.

Je nachdem, ob Ihre Webseite auf einem Shared-Hosting liegt oder ob Sie einen eigenen Server betreiben, haben Sie unterschiedliche Möglichkeiten, die Performance der Webseite zu steigern.

Zuerst möchte ich darstellen, welche Teile der Hardware und Software für die Performance unseres Servers ausschlaggebend sind. Daneben ist auch die Internetanbindung des Servers mitentscheidend, ob eine Webseite schnell ist oder nicht.

■ 12.2 Hardware

Jeder Aufruf einer Webseite fordert dem Server einiges an Arbeit ab. Drei Hardware-Komponenten sind für einen guten Server wichtig: der verfügbare Arbeitsspeicher (RAM), die zur Verfügung stehende Prozessorleistung und die Art der Festplatten.

12.2.1 Arbeitsspeicher (RAM)

Genau zu sagen, wie viel Rechenpower und wie viel Gigabyte Arbeitsspeicher ein Server braucht, ist schwer. Es kommt darauf an, wie viele Webseiten auf einem Gerät betrieben werden und wie viele Besucher diese Webseiten haben.

Bei einem Root-Server oder einem V-Server (siehe Abschnitt 12.4.2) haben Sie garantierte Ressourcen, die ausschließlich Ihrem System zur Verfügung stehen. Bei einem Shared-Hosting müssen Sie den Arbeitsspeicher mit allen anderen Webseitenbetreibern auf diesem Server teilen. Für die Anbieter bedeuten mehr Kunden auf einem Server geringe Kosten für Hardware und Energie. Für die Kunden bedeuten weniger Ressourcen weniger Kosten, aber auch weniger Performance. Wenn Sie mit einem Shared-Hosting arbeiten, empfehle ich Ihnen einmal zu prüfen, wie viele andere Kunden auf demselben Server sind wie Ihre Webseite, siehe Abschnitt 12.4.1, Shared-Hosting.

Haben Sie bereits einen V-Server im Einsatz, können Sie prüfen, wie stark der aktuell zur Verfügung stehende Arbeitsspeicher beansprucht wird. Je nach Anbieter stehen Ihnen dabei unterschiedliche Statistiken zur Verfügung.

Manche Statistiken zeigen Ihnen, wie sich die Nutzung über den Tag verteilt. Bei anderen sehen Sie nur, wie viel Arbeitsspeicher gerade im Moment verwendet wird. Dann müssen Sie sich zu einer Zeit, in der viele Besucher gleichzeitig auf der Webseite sind, einloggen. Wird häufig mehr als 80 % des verfügbaren Arbeitsspeichers belegt, empfehle ich, das RAM zu erweitern. Bei den meisten V-Server-Anbietern lässt sich das mit einem Klick erledigen.

Details
View server details and resource usage.

Status	Running
Node	vnode1
Hostname	vps
Template	Debian 7.0
Uptime	15:29:25
CPU Usage	0.00 % of 1 Cores
Memory Usage	Total: 800 MB Usage: 318.44 MB 40%
SWAP	Total: 256 MB Usage: 0 B
Disk Usage	Total: 15 GB Usage: 1.16 GB 8

Bild 12.1 Verfügbare und verwendete Ressourcen von einem V-Server

12.2.2 Prozessoren und Prozessorkerne

Viele V-Server im günstigen Einsteigerbereich sind mit nur einem Prozessorkern ausgestattet. Das ist in den meisten Fällen ausreichend. Ein System mit mehreren Prozessorkernen kann mehrere Abfragen gleichzeitig abarbeiten. Das ermöglicht mitunter, mehrere Dateien gleichzeitig zu senden, wodurch wiederum eine Webseite schneller übertragen werden kann.

Bei Webseiten mit vielen Besucher zeitgleich auf der Seite oder bei denen sehr viele dynamische Inhalte vorhanden sind und User-Interaktionen stattfinden, sollten Sie auf mehrere Prozessorkerne setzen. In diesem Fall kann ein Kern die Anfragen eines Users beantworten, während sich ein anderer Kern um eine andere Anfrage kümmert.

12.2.3 Festplatten

Ein Hosting-Provider mit mehreren Hundert Servern benötigt Tausende Festplatten. Kein Wunder, dass sich manche Provider für die günstigen SATA-Platten entscheiden. Diese Festplattenart ist relativ langsam. Zudem sind diese Platten eher nicht für den Dauerbetrieb geeignet. SATA-Platten gehen öfter kaputt. Den Kunden entstehen so immer wieder Ausfallzeiten.

SAS-Festplatten sind etwas schneller. Sie wurden für den Dauerbetrieb in Servern entwickelt und kommen bei vielen Hosting-Providern zum Einsatz.

SSD-Festplatten gibt es für den Gebrauch in Laptops und Desktop-PCs schon länger. Aufgrund der hohen Kosten scheuten bisher viele Hosting-Anbieter die Investition in SSD-Platten. Mittlerweile sind SSDs aber auch in der Server-Welt angekommen und einige Provider bieten V-Server oder Webhosting mit SSD. Diese Variante bietet Ihnen ein Speed-Plus.

■ 12.3 Software

Neben der Hardware hat die Software eines Servers großen Einfluss auf die Performance. Zwei Bereiche wollen wir etwas genauer beleuchten, zum einen das Betriebssystem und zum anderen die eigentliche Webserver-Software.

12.3.1 Betriebssystem

Auf der Hardware läuft als Erstes ein Betriebssystem. Da eine grafische Benutzeroberfläche auf einem Webserver nicht so wichtig ist, sondern Performance und Stabilität im Vordergrund stehen, wird hier sehr oft auf Linux gesetzt. Es gibt aber auch Windows-Server.

Läuft Ihr Server schon mehrere Jahre, kann es sein, dass das Betriebssystem nicht mehr das neueste ist. Bei Linux-Servern hat sich einiges getan und mit einem Update auf die neueste Version können Sie eine gewisse Performancesteigerung erreichen. Zudem schließt ein Update Sicherheitslücken.

Im Kapitel 14, Ladezeit von HTTPS-Seiten optimieren, werde ich am Beispiel eines Ubuntu-Servers zeigen, wie das Update funktioniert.

Bei Windows-Servern sind die einzelnen Updates eher aus Sicherheitsgründen erforderlich und haben auf die Geschwindigkeit nicht sehr viel Einfluss. Ein Versionswechsel z. B. von Windows Server 2008 auf Windows Server 2012 und damit verbunden der Wechsel auf die neue Version des Webservers IIS bringt zwar für den Pagespeed etwas, ist allerdings in der Regel mit einer Neuinstallation des Betriebssystems verbunden.

12.3.2 Webserver-Software

Standardmäßig ist auf den meisten Webservern Apache Webserver installiert. Das ist gut, denn die meisten Programme laufen hier einwandfrei und schnell. Trotzdem gibt es Alternativen zu Apache, die unter Umständen noch mehr Geschwindigkeit aus Ihrer Webseite herausholen können.

12.3.2.1 Apache

Apache hat nach wie vor den größten Marktanteil[1]. Das liegt daran, dass er universal einsetzbar ist, da er sehr viele Funktionen integriert hat. Bei Shared-Webhostings sind Sie an den Webserver gebunden, den der Hoster einsetzt. Sie haben keine Möglichkeit, einen anderen zu verwenden.

Die meisten Anbieter verwenden Apache. Einige wenige Webhoster bieten Hosting auf Litespeed-Servern an.

Auf den meisten V-Servern ist ebenfalls standardmäßig Apache installiert und vorkonfiguriert. Es gibt einige Alternativen, die eine bessere Performance und damit eine bessere Ladezeit bringen können. *Nginx* und *Litespeed* möchte ich hier vorstellen.

12.3.2.2 Nginx

Die Beliebtheit und der Marktanteil von Nginx steigen von Jahr zu Jahr. Schätzungsweise sind es im Jahr 2015 22,9 Prozent[2]. Unter den besonders „großen" Seiten ist der Marktanteil sogar deutlich höher.

Das liegt hauptsächlich an der starken Performance. Die Schattenseite ist, dass vieles, das wir von Apache gewohnt sind, bei Nginx nicht oder nur auf Umwegen funktioniert. Dazu gehören die Rewrite-Funktionen in der .htaccess-Datei oder die PHP-Unterstützung.

12.3.2.3 Litespeed (LSWS)

Der Litespeed-Webserver ist ein relativ junges Produkt. Erst 2013 wurde er vom US-Unternehmen LiteSpeed Technologies veröffentlicht und erfreut sich seitdem ebenfalls zunehmender Beliebtheit.

Ein Grund dafür dürfte die hohe Kompatibilität mit Apache sein. Fast alle Funktionen, die Apache bietet, funktionieren auch bei Litespeed.

■ 12.4 Webserver-Performance steigern

Bei der Webserver-Optimierung müssen wir zuerst zwischen einem Shared-Hosting und einem eigenen V-Server oder Root-Server unterscheiden.

Bei einem Shared-Hosting sind Ihre Möglichkeiten begrenzt. Sie können keine Software installieren und Einstellungen ändern. Oft bleibt nur der Wechsel zu einem anderen Anbieter, wenn die Performance nicht befriedigend ist. Im folgenden Abschnitt erfahren Sie, worauf sie beim Anbieterwechsel achten sollten.

Ist Ihre Webseite auf einem eigenen Server gehostet, stehen Ihnen zahlreiche Optimierungsmöglichkeiten offen, auf die ich weiter unten in diesem Kapitel eingehen werde.

---

[1] *http://de.statista.com/statistik/daten/studie/181588/umfrage/marktanteil-der-meistgenutzten-webserver/*
[2] *https://entwickler.de/online/nginx-gewinnt-zum-5-mal-in-folge-bei-web-technologies-of-the-year-2014-awards-140689.html*

12.4.1 Shared-Hosting

Für die meisten Webseiten von KMUs oder Privatpersonen reicht ein Shared-Hosting aus. Es ist nicht nur günstiger als ein eigener Server, Sie müssen sich auch nicht um Backups oder Updates kümmern.

Die Shared-Hosting-Angebote unterscheiden sich aber auch. Damit Ihr Webhosting Grundlage für eine schnelle Webseite sein kann, sind die Anbindung, die aktivierten Module und die Anzahl der Webseiten pro Server die entscheidenden Faktoren.

Grundsätzlich gilt: Ein gutes Shared-Hosting ist besser als ein mittelmäßiger V-Server oder Root-Server.

Es kommt vor, dass andere Kunden, deren Webseiten auf demselben Server wie Ihre Seite gehostet sind, sehr viel Arbeitsspeicher und Prozessorleistung in Anspruch nehmen. Das macht Ihre Seite langsamer. Aber auch zu viele Webseiten auf einem Server können ein Grund dafür sein, dass die Serverleistung zu schwach ist.

Wie kann man prüfen, wie viele Webseiten auf einem Server liegen?

Mit dem Neighbourhood Checker (*https://majestic.com/reports/neighbourhood-checker*) können Sie herausfinden, welche Webseiten sich auf demselben Webserver wie Ihre Seite befinden. Geben Sie dazu einfach Ihre URL ein.

Einen Richtwert zu nennen, welcher Wert gut ist und ab wann es zu viel für einen Server wird, ist schwer. Ein schwacher Server ist mit 50 Webseiten bereits überfordert, während ein starker Server locker mit 1000 Seiten klarkommt. Zudem kommt es darauf an, wie stark die anderen Seiten den Server belasten.

Wenn Sie bei Ihren „Nachbarn" davon ausgehen, dass es sich um stark frequentierte Webseiten handelt, fragen Sie einfach bei Ihrem Anbieter nach, ob er Ihre Webseite auf einen anderen Server umziehen kann. Viele machen das kostenlos.

Führt Ihre Bitte zu keiner zufriedenstellenden Antwort, können Sie die Webseite auf ein anderes Hosting umziehen. Dabei sollten Sie darauf achten, dass es sich um ein Hosting handelt, welches für eine pagespeed-optimierte Webseite geeignet ist.

Neben dem Anbieterwechsel können Sie auf einem Shared-Hosting auch unnötige Anfragen blockieren (siehe Kapitel 12.5, *Unnötige Anfragen blockieren*), um die Performance zu verbessern.

12.4.1.1 Anbieterwechsel?

Wenn Sie mit Ihrem derzeitigen Hoster nicht mehr zufrieden sind, sollten Sie bei der Auswahl eines neuen Web-Hostings oder eines V-Servers unbedingt auf folgende Kriterien achten:

- Serverstandort im Land Ihrer Zielregion (möglichst nahe an Knotenpunkten)
- Redundante Anbindung mit hoher Bandbreite

- Standardmäßige Aktivierung von *mod_rewrite*, *mod_deflate* und *gzip*

  Wie finden Sie heraus, welche Module aktiviert sind? Von außen können Sie das nur schwer sehen. Wenn *http://www.webpagetest.org* bereits bei der eigenen Webseite des Hosters meldet, dass Keep-Alive oder die Komprimierung nicht aktiv sind, ist das ein schlechtes Zeichen. Am einfachsten ist, Sie fragen beim Anbieter nach.

- Nicht mehr als 1000 Webseiten werden auf einem Server gehostet

Wenn Sie sich für ein neues Hosting entscheiden wollen, prüfen Sie am besten die Webseite des Anbieters mit *http://www.webpagetest.org*. Sind verschiedene Werte wie „Time to first byte" auf seiner eigenen Webseite schon schlecht, können Sie davon ausgehen, dass die Performance auf den Kundenservern nicht besser ist.

Der Wert „Time to first byte" gibt an, wie lange es dauert, bis der Browser die erste Information von einem Webserver erhält, wenn er eine Webseite abruft. Dynamische Webseiten machen es notwendig, dass der Server zuerst PHP ausführt, mitunter auf die Datenbank zugreift und dann erst das Resultat an den Browser senden kann. Dabei ist die „Time to first byte" natürlich länger.

Wenn die „Time to first byte" lang ist, dann liegt das daran, dass bei Wordpress alle PHP-Abfragen neu ausgeführt werden. Haben Sie bereits das im vorhergehenden Kapitel beschriebene Server-Caching eingerichtet, sollte sich die Antwortzeit des Servers bereits deutlich verbessert haben.

Allerdings sind Sie wie bereits erwähnt davon abhängig, was die anderen Webseitenbetreiber, mit denen Sie den Server teilen, mit ihren Webseiten machen. Früher oder später werden Sie sich die Frage stellen, ob nicht zumindest ein eigener V-Server Sinn macht.

12.4.2 Ein eigener Server?

Ihre Webseite ist schnell, gut optimiert und wird immer bekannter. Die Seite wird bei Google gut gefunden und darum von immer mehr Besuchern besucht. Dann stellt sich irgendwann die Frage, ob Sie mit einem eigenen Server oder V-Server noch mehr Geschwindigkeit aus Ihrer Seite herausholen wollen.

Ein eigener Webserver hat sehr viele Vorteile – nicht nur die mitunter bessere Ladezeit. Aber wenn Sie sich überlegen, nur wegen der Ladezeit einen eigenen Server zu mieten, sollten Sie andere Empfehlungen, die in diesem Buch beschrieben wurden, bereits umgesetzt und eine Bewertung bei Google PageSpeed Insights im grünen Bereich haben. Der Wechsel auf einen eigenen Server bringt ein Geschwindigkeitsplus, aber Sie dürfen dadurch keine Wunder erwarten.

Dazu bieten sich V-Server und dedizierte Server an. Was ist der Unterschied? Bei einem „normalen" Shared-Hosting gibt es einen physischen Server. Auf diesem Server werden die Webseiten verschiedener Kunden betrieben und teilen sich sämtliche Ressourcen wie Prozessor, Arbeitsspeicher und Festplatte.

Dedizierter Server (Root-Server)

Ein dedizierter Server ist ein physisches Gerät, auf dem nur Ihre Webseite läuft. Dabei haben Sie vollen Zugriff auf alle Ressourcen, weshalb dedizierte Server oft als Root-Server vermarktet.

Die Performance bei einem dedizierten Server ist meist nicht wesentlich besser als bei einem V-Server. Allerdings haben Sie die Möglichkeit, auf dem dedizierten Server selber V-Server, etwa für eine Testumgebung, einzurichten.

Zusätzliche Ressourcen wie Arbeitsspeicher, Prozessorkerne oder Festplattenspeicher können bei einem dedizierten Server dies nur durch physikalischen Einbau hinzugefügt werden. Im Gegensatz dazu hat man auf einem V-Server die Möglichkeit per Knopfdruck zusätzliche Ressourcen dazu zu schalten, wenn diese später einmal benötigt werden.

V-Server (virtueller Server)

Ein virtueller Server (V-Server) ist ein Server, der auf einer virtuellen, also von Software simulierten Hardware läuft. Im Gegensatz zu einem Shared-Hosting können verschiedene Ressourcen einem System fix zugewiesen werden.

Auf dem physikalischen Server wird kein „normales" Betriebssystem installiert, sondern ein sogenannter Hypervisor.

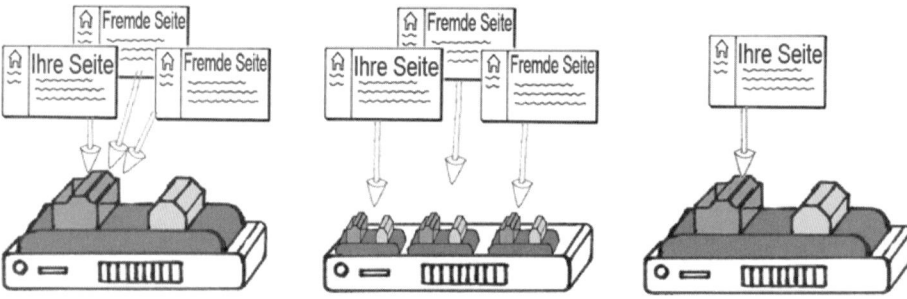

Bild 12.2 Shared Hosting, V-Server, dedizierter Server

Der Hypervisor teilt dem simulierten virtuellen Server Hardwareressourcen zu. So können mehrere V-Server mit unterschiedlichen Betriebssystemen parallel arbeiten.

Laufen auf einem physikalischen Server mit 32 GB RAM acht V-Server, können jedem dieser Server beispielsweise 4 GB RAM fix zugeteilt werden. Der verbleibende Arbeitsspeicher kann von jedem der Gastsysteme genutzt werden, wenn er gerade frei ist.

Auf einem V-Server können Sie Ihr eigenes Betriebssystem installieren. Er verfügt über eine oder mehrere eigene IP-Adressen, und Sie müssen nicht befürchten, dass die Überlast bei einem anderen Kunden Ihre Webseite lahmlegt.

 Sicherheitstipp

Wichtig ist zu wissen, dass es bei den meisten Servern standardmäßig kein Backup gibt. Dies muss separat dazu gebucht und eingerichtet werden.

Ein eigener Server, V-Server oder lieber ein Shared-Hosting?

Wie ich eingangs erwähnt habe, ist ein teurer Server für eine schnelle Webseite nicht zwingend notwendig. Gehen wir einmal davon aus, Sie haben eine Webseite mit 250 Besuchern am Tag. Dann beträgt der Unterschied zwischen einem guten Shared-Hosting und einem eigenen V-Server bei gleicher Anbindung max. 0,1 Sekunden. Es macht kaum einen Unterschied, ob Ihre Webseite in 3,5 oder 3,6 Sekunden lädt. Wenn Sie allerdings schon so weit sind, dass Ihre Seite in 0,6 Sekunden lädt, können Sie mit einem schnelleren Server vielleicht auf 0,5 Sekunden kommen.

12.4.3 Webserver auf Nginx wechseln

Wenn Sie einen eigenen V-Server oder einen dedizierten Server verwenden, können Sie die die Webserver-Software Nginx anstelle von Apache installieren.

Was müssen Sie tun, um Nginx zu nutzen?

Wenn Sie auf Ihrem Server CPanel benutzen, können Sie mit einem einfachen Plug-in zu Nginx wechseln.

Die meisten V-Server und dedizierte Server verfügen über ein Webinterface (auch Control Panel genannt) für die Verwaltung des Webservers. Die Control Panels mit dem höchsten Verbreitungsgrad sind *CPanel* und *Odin Plesk*. Beide Programme ermöglichen es, über die Oberfläche die Webserver-Software zu wechseln; allerdings nicht von Haus aus, Sie benötigen Plug-ins.

CPanel

Für CPanel gibt es das einfache, kostenlose Plug-in *nginx admin* (*nginxcp.com*).

Installiert wird es, indem Sie mittels SSH-Client (siehe Kapitel 3.6, SSH-Verbindung herstellen) auf Ihren Server zugreifen und folgende Befehle ausführen:

Listing 12.1 Kommandozeilenbefehle, um CPanel-Plug-in für die Nutzung von Nginx zu installieren

```
cd /usr/local/src
wget http://nginxcp.com/latest/nginxadmin.tar
tar xf nginxadmin.tar
cd publicnginx
./nginxinstaller install
```

Plesk

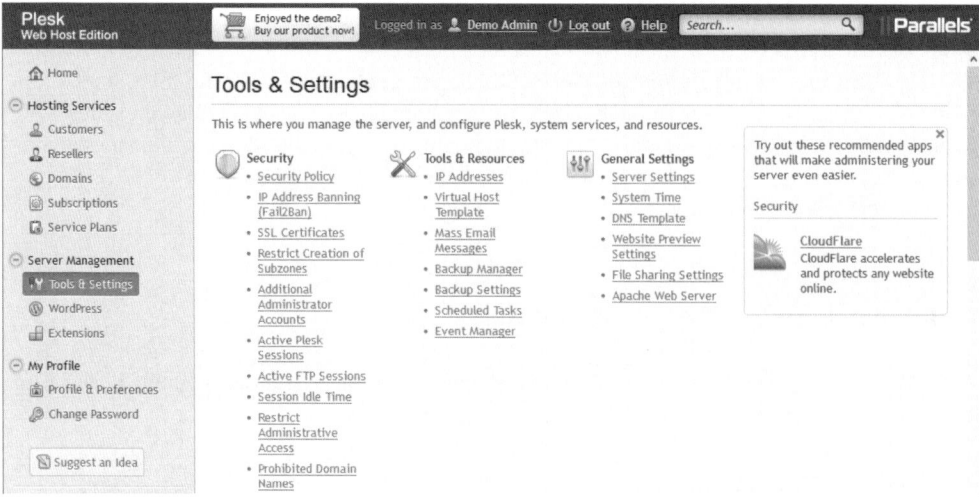

Bild 12.3 Plesk-Verwaltungsoberfläche

Ab Plesk 11 ist Nginx bereits vorinstalliert. Unter SERVER MANAGEMENT > TOOLS & SETTINGS > SERVICES MANAGEMENT können Sie den Service aktivieren.

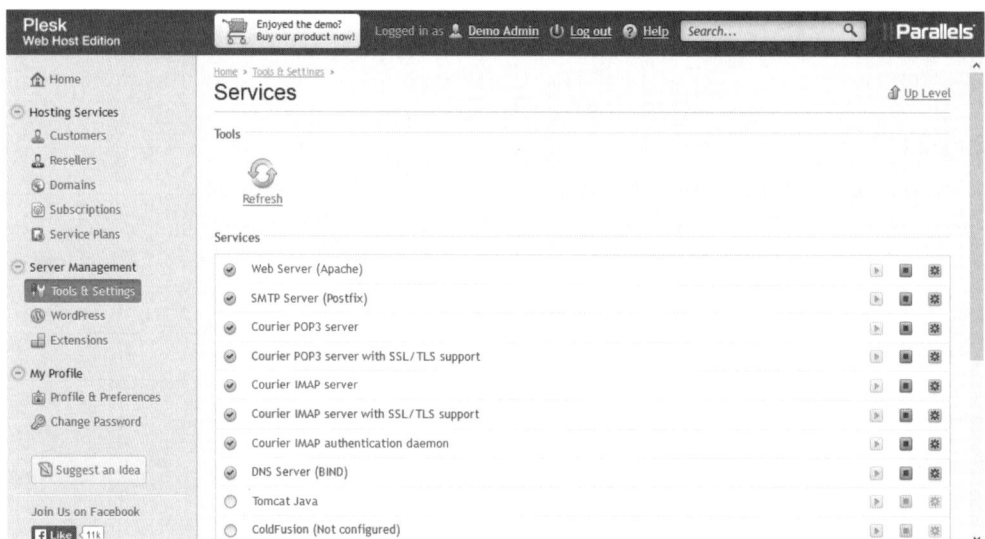

Bild 12.4 Plesk – Services hinzufügen

CentOS Web Panel

Für CentOS Webserver gib es eine Verwaltungsoberfläche, auf der Sie Nginx per Knopf-druck aktivieren können. CentOS Web Panel heißt dieses Produkt, und es ist im Gegensatz zu CPanel und Plesk kostenfrei. Lauffähig ist es derzeit nur auf CentOS 6, RedHat 6 oder CloudLinux 6.

CentOS Web Panel können Sie in wenigen einfachen Schritten installieren. Verbinden Sie sich über SSH mit Ihrem Server. Loggen Sie sich als Root ein und führen Sie Folgendes aus:

```
cd /usr/local/src

wget http://centos-webpanel.com/cwp-latest
sh cwp-latest
```

Starten Sie nun den Server neu. Geben Sie dazu ein:

```
reboot
```

Nun können Sie über die Weboberfläche die Konfiguration abschließen. Diese erreichen Sie über Ihren Browser: http://IP-Adresse-Ihres-Servers:2030/.

 Installation durch die Entwickler durchführen lassen

Wenn Ihnen das zu kompliziert ist oder Sie damit nicht klarkommen, bieten die Entwickler von CWP eine Installation für 7 Dollar an. Für 10 Dollar ist bei der Installation auch die Übernahme Ihrer bestehenden Webseiten inbegriffen (Preise Stand März 2016).

Link: *http://centos-webpanel.com/support-services/*

Andere Server und Verwaltungsoberflächen

Betreiben Sie Ihren Webserver mit einem anderen oder ohne Control Panel, können Sie Nginx mittels *apt-get* oder *yum* installieren.

Dazu müssen Sie sich mit SSH auf den Server verbinden und folgenden Befehl ausführen:

```
sudo apt-get update
sudo apt-get install nginx
```

Nun können Sie Nginx starten:

```
sudo service nginx start
```

Damit es keinen Konflikt mit Apache gibt, sollten Sie Apache deaktivieren:

```
sudo service apache stop
sudo update-rc.d apache2 disable
```

Wenn Sie Apache noch benötigen, sollten Sie die Ports anpassen. Ein Port ist eine Art Kanal, auf dem ein bestimmtes Programm mit der Gegenstelle kommuniziert.

12.4.4 Webserver auf Litespeed wechseln

Im Gegensatz zu Apache und Nginx ist Litespeed proprietär. Die Enterprise-Version kostet je nach Prozessorkernen ab 249 Dollar (*https://store.litespeedtech.com/store/cart.php?gid=1*). Daneben gibt es zwei kostenlose Versionen, zum einen die auf fünf Webseiten limitierte Pro-Version und dann noch die Open-Source-Version, die unlimitiert ist. Dafür bietet sie keine Unterstützung für Control Panels. Das bedeutet, dass Sie den Server selbst installieren müssen.

Die proprietäre Version können Sie über die Verwaltungsoberflächen CPanel und Plesk direkt über das Webinterface installieren. Das entsprechende CPanel-Plug-in laden Sie mit einem Autoinstaller herunter.

Dazu verbinden Sie sich mittels SSH mit Ihrem Server und loggen sich als Root ein (siehe Kapitel 3.6, SSH-Verbindung herstellen):

Der Download wird mit wget ausgeführt. Dazu geben Sie ein:

```
wget http://www.litespeedtech.com/packages/cpanel/lsws_whm_autoinstaller.sh
chmod a+x lsws_whm_autoinstaller.sh
```

Nun starten Sie den Autoinstaller, indem Sie folgenden Befehl eingeben:

```
./lsws_whm_autoinstaller.sh SERIAL_NO PHP_SUEXEC port_offset admin_user admin_pass
admin_email easyapache_integration auto_switch_to_lsws
```

Der Autoinstaller wird den Port 80 für den Litespeed-Server einrichten. Sollten Sie bis jetzt Apache verwendet haben, sollten Sie den Dienst beenden, damit es keine Komplikationen gibt. Dies bewirken Sie durch die Eingabe von:

```
sudo service apache stop
sudo update-rc.d apache2 disable
```

Alternativ können Sie dies direkt über das Webinterface vornehmen. Dort können Sie ebenfalls auf Apache zurückwechseln, wenn es mit Litespeed zu Problemen kommt.

Plesk

Für die Verwaltungsoberfläche Plesk gibt es ebenfalls eine Extension, mit der Sie Litespeed installieren und Apache ersetzen können. Laden Sie dies von *https://www.litespeedtech. com/products/control-panel-plugins/download* herunter.

Dann können Sie in Ihrem Plesk Panel unter SERVER MANAGEMENT > EXTENSIONS die Erweiterung hochladen und installieren.

Nach der Installation wird Apache automatisch durch Litespeed ersetzt. Sie können jederzeit zwischen beiden Servern hin- und herwechseln. Das Deaktivieren von Apache ist in diesem Fall nicht erforderlich.

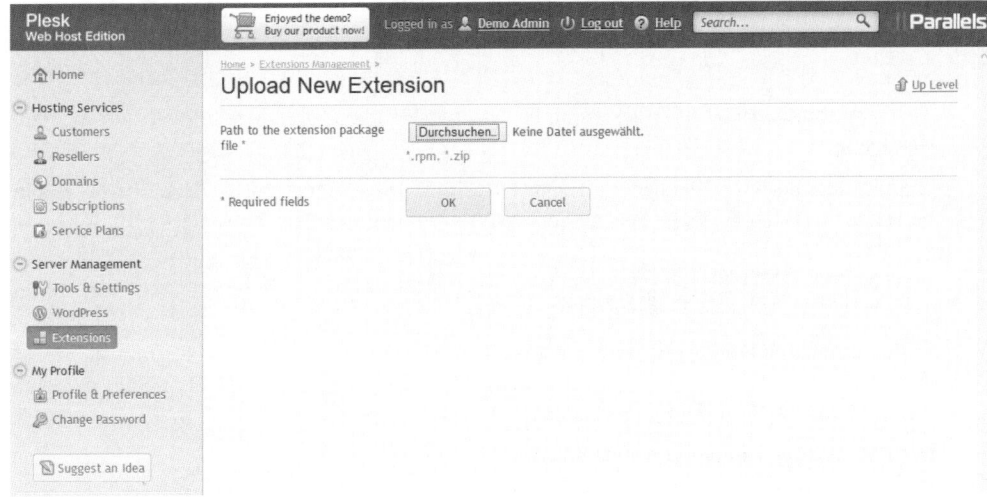

Bild 12.5 Plesk – Erweiterungen installieren

Litespeed manuell installieren

Für die Open-Source-Version von Litespeed gibt es leider keine Plug-ins. Sie müssen Litespeed über die Kommandozeile installieren. Dazu verbinden Sie sich mit einem SSH-Client mit Ihrem Server. Diese Vorgehensweise bietet sich auch an, wenn Sie nicht CPanel oder Plesk verwenden.

Bevor Sie die Litespeed-Installation beginnen können, benötigen Sie einige Pakete, die Sie durch folgende Eingabe installieren:

```
sudo apt-get install build-essential libexpat1-dev libgeoip-dev libpng-dev libpcre3-
dev libssl-dev libxml2-dev rcs zlib1g-dev
```

Laden Sie die erforderlichen Dateien durch folgendes Kommando herunter:

```
wget http://open.litespeedtech.com/packages/openlitespeed-1.4.16.tgz
```

Entpacken und installieren Sie das Paket:

```
tar xzvf openlitespeed*
cd openlitespeed*
```

Als Nächstes müssen wir die Software konfigurieren und kompilieren. Geben Sie dazu ein:

```
./configure
make
```

Sobald das Kompilieren abgeschlossen ist, können Sie Litespeed mit folgendem Befehl installieren:

```
sudo make install
```

Damit haben Sie den Open Litespeed Webserver installiert und er ist startklar. Starten Sie mit:

```
sudo service lsws start
```

Die Verwaltung erfolgt über das Webinterface, das Sie über *http://ihre-server-ip-adresse:7080* erreichen.

Standardmäßig läuft Litespeed auf dem Port 8088. Dies können Sie ändern. Zuvor sollten Sie allerdings den Port des Apache-Servers ändern oder den Apache-Service beenden:

```
sudo service apache stop
sudo update-rc.d apache2 disable
```

Nun können Sie den Port für Litespeed problemlos auf den Standardport 80 ändern.

12.4.5 Keep Alive

Wenn auf einer Webseite mehrere Dateien verwendet werden, muss für jede Datei eine zusätzliche Anfrage an den Server gesendet werden, um diese Datei zu erhalten. Mit *Keep Alive* können wir die einmal bestehende Verbindung offen halten. Dadurch wird die Anzahl der Anfragen reduziert.

Für den Server bedeutet das, dass er weniger Prozessorleistung benötigt, da weniger Verbindungen geöffnet und wieder geschlossen werden müssen. Der Nachteil von Keep Alive ist, dass mehr Arbeitsspeicher benötigt wird.

Standardmäßig ist Keep Alive auf dem Apache Webserver deaktiviert. Um das bei einem Apache Webserver zu nutzen, müssen wir es zuerst aktivieren. Das geschieht in der *httpd. conf*-Datei (oder je nach Linux-Distribution *apache2.conf*). Um diese Datei zu bearbeiten, verbinden Sie sich mit einem SSH-Client mit Ihrem Server (siehe Kapitel 3.6, SSH-Verbindung herstellen).

Loggen Sie sich als Root ein und wechseln Sie in das Apache-Verzeichnis durch die Eingabe von:

```
cd /etc/apache2
```

Mit einem Editor, z. B. Vi, öffnen Sie die Apache-Konfigurationsdatei. Geben Sie dazu ein:

```
vi apache2.conf
```

In dieser Datei setzen Sie den Wert „KeepAlive" auf „on".

Auf einem Shared-Hosting ist das nicht möglich. Als Alternative gibt es die Möglichkeit, Keep Alive über die .htaccess-Datei zu aktivieren. Allerdings ist dafür das Apache-Modul *mod_headers* erforderlich. Die Verbreitung dieses Moduls bei Shared-Hosting-Anbietern ist nicht sehr hoch. Ich schätze, ca. 30 % haben das Modul aktiviert.

Um Keep Alive über .htaccess zu aktivieren, müssen Sie folgenden Code in der .htaccess-Datei hinzufügen:

```
<IModule mod_headers.c>
    Header set Connection keep-alive
</IfModule>
```

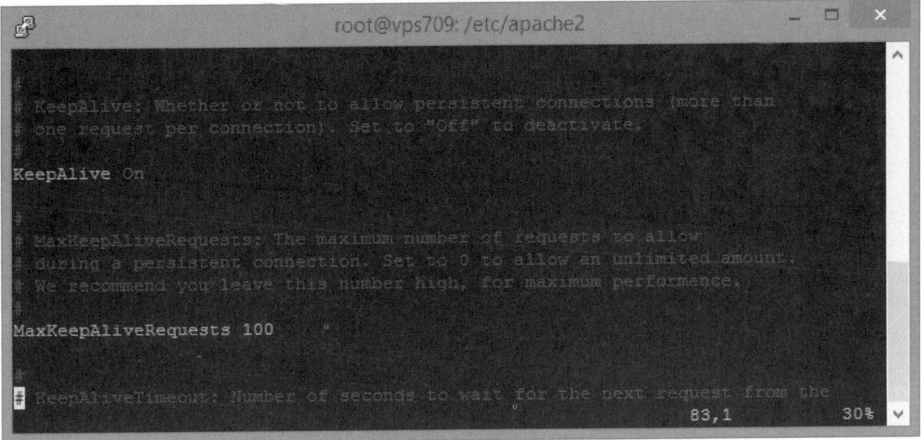

Bild 12.6 Apache-Konfigurationsdatei im Vi Editor geöffnet

■ 12.5 Unnötige Anfragen blockieren

Webseiten, die von vielen Menschen besucht werden, werden auch von vielen Crawlern besucht. Manche Crawler wie der Google-Bot sind sicher nicht schädlich.

Spider, die versuchen, E-Mail-Adressen von unserer Webseite auszulesen, Spam-Kommentare in unsere Beiträge zu schreiben, oder gar versuchen, durch ständiges Ausprobieren von verschiedenen Passwörtern unsere Webseiten zu hacken, wollen wir jedoch nicht auf unseren Seiten haben.

Die ständigen Anfragen dieser Crawler sind nicht nur ein Sicherheitsrisiko für den Webserver, sie sind auch schlecht für die Ladezeit.

Besonders wenn Sie mit einem günstigen Webhosting oder V-Server arbeiten, sind die Hardware-Ressourcen nicht auf Tausende Abfragen pro Stunde ausgelegt. Durch diese Anfragen wird der Server langsamer.

12.5.1 Wie kann man erkennen, dass eine Seite von vielen Crawlern besucht wird?

Der einfachste Weg ohne zusätzliche Programme einen ersten Eindruck über die Art der Besucher zu bekommen, ist eine Analyse mit Google Analytics oder ähnlichen Tools. Für Wordpress gibt es Plug-ins, die ebenfalls die Besucherströme anzeigen.

Achten Sie dabei auf zwei Merkmale: zum einen auf ungewöhnliche Anstiege von Zugriffszahlen und zum anderen auf die Herkunftsländer.

Hat eine Webseite, die gewöhnlich unter 100 Besucher pro Tag hat, ohne erkennbaren Grund plötzlich an manchen Tagen tausende Zugriffe, liegt der Verdacht nahe, dass es sich um Crawler oder einen Angreifer handelt.

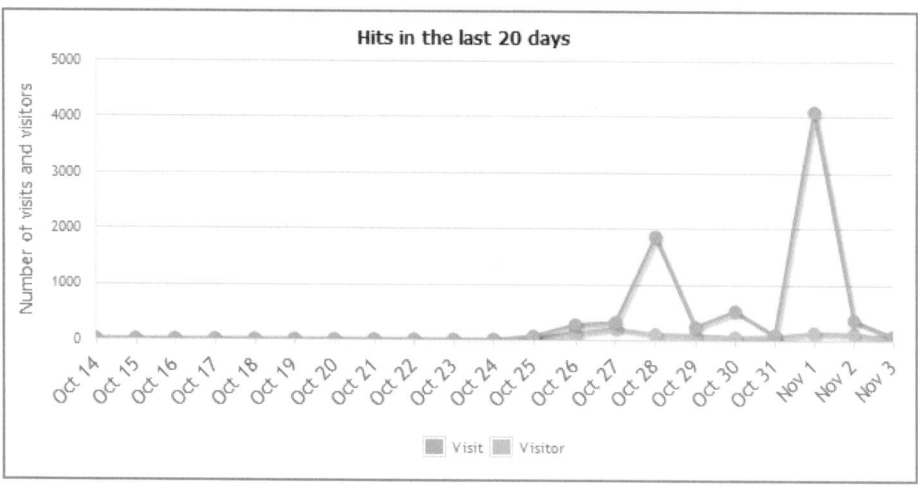

Bild 12.7 Besucherstatistik eines kleinen Blogs

Ebenso ist es ungewöhnlich, wenn die Webseite eines regionalen Geschäfts plötzlich 90 % Besucher aus den USA, Russland, Brasilien, China und Australien hat. Dies deutet ebenfalls darauf hin, dass hier Crawler versuchen, auf die Webseite zuzugreifen.

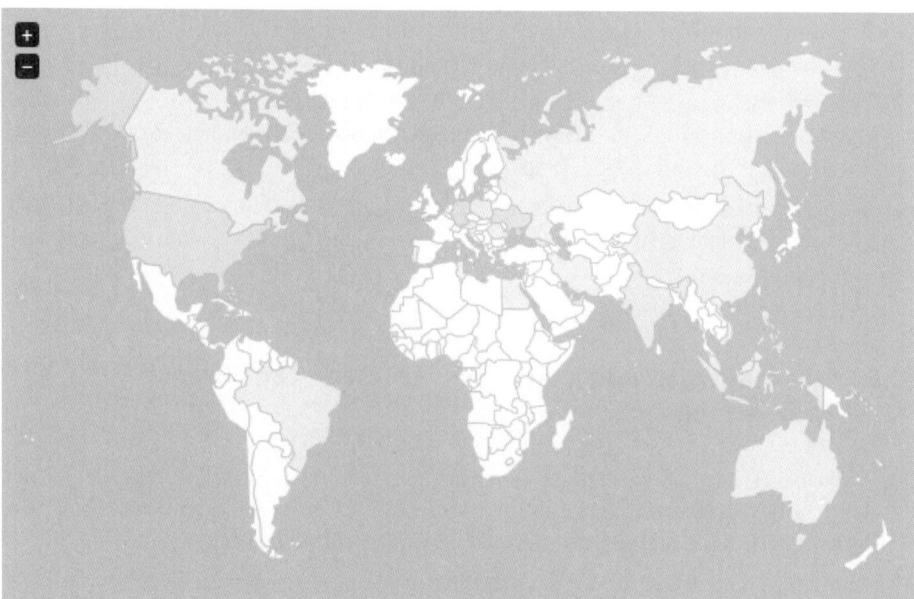

Bild 12.8 Besucherstatistik eines kleinen Blogs – Herkunftsländer der Zugriffe

12.5.2 Wie kann man unerwünschte Crawler und Spam-Bots fernhalten?

Den Zugriff über die *Robots.txt*-Datei zu verbieten, hilft meist nichts. In dieser Datei werden Regeln für den Zugriff von Bots auf die Webseite festgelegt. Google, Bing und andere Suchmaschinen halten sich natürlich daran, aber böswillige Angreifer werden diese Regeln ohnehin ignorieren. Der sicherste Weg ist eine .htaccess-Regel, die unerwünschten Crawlern den Zugriff auf die Webseite sperrt.

Der Code, den Sie für die .htaccess-Datei benötigen, kann beispielsweise folgendermaßen aussehen:

Listing 12.2 .htaccess-Regel zum Blockieren von IP-Adressen

```
order allow,deny
deny from .badbot.com
deny from 114.134.184.0/21
allow from all
```

Hinter deny from geben Sie zum einen die Domain des unerwünschten Crawlers an und zum anderen die IP-Adresse. Die IP-Adressen von allen böswilligen Crawlern herauszufinden, wäre ein kaum zu bewältigendes Unterfangen.

Auf der Webseite *http://www.ip-bannliste.de* finden Sie eine vorgefertigte. htaccess-Datei, die Sie einfach kopieren können. Diese Datei wird beinahe stündlich aktualisiert. Um Ihnen das ständige Ändern Ihrer Liste zu ersparen, bietet die Webseite eine Auto-Update-Funktion. Dabei wird allerdings Ihre bestehende .htaccess-Datei überschrieben. Wenn sich darin noch andere Regeln befinden, was bei fast allen Wordpress- und Joomla!-Webseiten der Fall ist, ist dieses Vorgehen leider nicht praktikabel.

Es bleibt Ihnen nur, diese Sperrliste Ihrer bestehenden .htaccess-Datei hinzuzufügen und bei Bedarf zu erneuern, wenn Sie wieder vermehrt Traffic von Crawlern auf Ihrer Seite feststellen. Die Statistiken sollten in regelmäßigen Abständen überprüft werden.

13 Responsive Design

Aufwand:	Schwierigkeitsgrad:	Nutzen:
Gering	Mittel	Sehr hoch

■ 13.1 Warum responsive Design?

Auf Mobilgeräten ist die Ladezeit doppelt so wichtig wie auf Desktops. Zum einen erwarten Webseitenbesucher auf dem Smartphone schneller etwas zu sehen, zum anderen ist die Internetverbindung über das Mobilfunknetz langsamer. Selbst in Gebieten mit LTE-Versorgung gibt es eine höhere Latenz (Verzögerung) als bei einer kabelgebundenen Internetverbindung. Das liegt daran, dass das Gerät zuerst einen Mobilfunkantenne suchen und mit dieser bestimmte Daten austauschen muss, bevor die Webseite überhaupt angefragt werden kann.

In Deutschland liegt die LTE-Netzabdeckung bei rund 70%, in Österreich liegt leicht darüber, in der Schweiz ist die Netzabdeckung etwas geringer.[1]

Wie schnell ist schnell?

Je nach Mobilfunkstandard ist die mögliche Höchstgeschwindigkeit begrenzt.

Mobilfunkstandard	Maximale Bandbreite
2 G	55,6 kBit/s
3 G	384 kBit/s, max. 7200 kBit/s
4 G (LTE)	300 Mbit/s (theoretisch)

---

[1] http://opensignal.com/reports/2015/09/state-of-lte-q3-2015/

■ 13.2 Webseite responsive machen

Zum Thema Responsive Design gibt es zahlreiche hervorragende Literatur. Ich möchte hier nicht ausführlich erklären, wie Sie eine Seite responsive gestalten. Das Thema spielt aber auch bei der Pagespeed-Optimierung ein Rolle und gerade hier passieren viele Fehler. Deshalb möchte ich im Folgenden einige Techniken erklären.

■ 13.3 Abhängigkeiten vermeiden

In der Praxis sehe ich immer wieder Webseiten, die das Responsive Design umsetzen, indem sie auf der Webseite Elemente je nach Bildschirmgröße ein- oder ausblenden.

Im Quellcode der Webseite sieht dies dann so aus:

```
<div style="display:none;">
   <img src="logo-desktop.jpg" />
</div>
```

oder

```
<div style="visibility:hidden;">
   <img src="logo-desktop.jpg" />
</div>
```

Das ist nicht optimal, denn die CSS-Definitionen display:none und visibility:hidden verhindern nicht, dass das Logo (hier *logo-desktop.jpg*) heruntergeladen wird. So müssen mitunter große Dateien heruntergeladen werden, die der Besucher auf einem Smartphone nie zu Gesicht bekommen wird. Diese Handbremse müssen wir auf unserer Webseite unbedingt vermeiden.

Dies gilt auch, wenn die Bilder über eine Definition mit @media auf display:none oder visibility:hidden gesetzt werden.

Diese Lösung ist nicht nur unter dem Aspekt der Ladezeit suboptimal. Versteckter Inhalt wird von Google nicht gerne gesehen. Es kann zu einer Fehlinterpretation kommen, wenn Google „denkt", dass absichtlich ein Element vor dem Benutzer versteckt werden soll. Dies kann zu einer Herabsetzung in den Suchergebnisseiten führen.

▪ 13.4 Lösungsansätze

13.4.1 Elternelement ausblenden

Wenn wir das Elternelement image auf display:none setzen, erreichen wir tatsächlich, dass der Browser die Bilddateien zunächst nicht anfragt und herunterlädt.

In der Desktop-Version kann das Bild als Hintergrundbild verwendet werden. Es wird dann gesondert heruntergeladen.

Listing 13.1 Image-Elemente per CSS ausblenden

```
<style>
@media (max-width:600px) {
    .image {
        display:none;
    }
}
@media (min-width:601px) {
    .image {
        background-image: url(logo-desktop.jpg);
    }
}
</style>
<div class="image"></div>
```

Dies ist sicher nicht die eleganteste Lösung, mit dem Problem umzugehen. Doch sie ist einfach umzusetzen.

Wer auf seiner Seite dem Mobile-First-Ansatz folgen will, kann auch umgekehrt vorgehen:

Listing 13.2 Image-Elemente per CSS ausblenden

```
<style>
@media (min-width:391px) {
    .image {
        background-image: url(image1.jpg);
    }
}
</style>
<div class="image"></div>
```

13.4.2 Weiterleitung auf eine mobile Seite

Ein anderer Ansatz, um auf das Smartphone nur die passenden und erforderlichen Bilder herunterzuladen, ist eine eigene mobile Version der Webseite.

Das ist zwar besser, als Elemente herunterzuladen und dann auszublenden, trotzdem hat diese Variante einen Nachteil. Kommt der Besucher nicht direkt auf die URL http://www.ihreseite.seite für die mobile Version, muss ein Skript erst für eine Weiterleitung auf die richtige URL http://mobil.ihreseite.scite oder http://ihreseite.seite/mobile sorgen. Das kann bis zu 0,5 Sekunden Ladezeit kosten.

Das hat den Nachteil, dass der Browser nun erneut eine Anfrage an den Server senden muss, um den Inhalt der Seite zu erhalten. Dadurch verlieren wir bereits 200 bis 300 ms.

Besser ist es, eine vollständig responsive Seite zu haben. Damit wird dem Benutzer auf jedem Gerät der Inhalt optimal angezeigt. Natürlich ist dies aufwendig und kann nicht immer sofort umgesetzt werden.

Es gibt noch einen Weg, ohne Weiterleitung auszukommen. Serverseitig (z. B. mit PHP) kann man erkennen, wenn ein Besucher über ein Mobilgerät auf die Webseite zugreift und die Mobilversion übermitteln. Richtig eingestellt kann so auf verschiedene Dateien verzichtet werden, was die Seite wiederum beschleunigt.

So wenig Weiterleitungen wie möglich

Hin und wieder sehe ich Webseiten, die ihre Besucher mehrfach weiterleiten. Gibt der Besucher beispielsweise http://langsameseite.com ein, wird er zunächst mit einer 301-Weiterleitung auf die URL http://www.langsameseite.com umgeleitet. Bei einer 301-Weiterleitung erhält der Browser die Information, dass sich die URL geändert hat und muss nun die richtige Seite anfragen und herunterladen.

Erst jetzt erkennt das Skript, dass der Besucher ein Smartphone benutzt, und leitet ihn erneut weiter auf http://mobile.langsameseite.com. Gehen wir davon aus, dass jede dieser Weiterleitungen 0,5 Sekunden benötigt und das Skript nochmals 0,2 Sekunden, kommen wir in diesem Beispiel bereits auf eine Verzögerung von 1,2 Sekunden.

Besser ist es, die Mobilgeräteerkennung bereits zu Beginn der Anfrage durchzuführen und den Besucher dann direkt ans Ziel umzuleiten.

13.4.3 Mit JavaScript Bilder erkennen

Ein interessanter Lösungsweg ist, die Bilder nach dem Mobile-First-Prinzip zuerst in der Smartphone-Größe auszuliefern.

Dazu wird zunächst auf der Seite folgender HTML-Code eingebaut:

```
<img alt="" src="mobiles-bild.jpg" data-fullsrc="desktop-bild.jpg" />
```

Gemäß dem Mobile-First-Prinzip wird standardmäßig das mobile Bild angezeigt. Mit einem JavaScript wird dann erkannt, dass der Besucher einen Desktop-Browser verwendet, und das Desktop-Bild aus `data-fullsrc` angezeigt.

Mit `window.screen.width` kann die Bildschirmbreite erkannt werden.

JavaScript-Code für Bilderkennung

Ein JavaScript, welches diese Funktion ausführt, können Sie unter

https://github.com/filamentgroup/Responsive-Images

herunterladen.

■ 13.5 Viewport

Das wichtigste Element, das eine Webseite benötigt, um auf einem Smartphone korrekt angezeigt zu werden, ist das Meta-Element *viewport*. Dieses Element sorgt für die richtige Skalierung der Website.

So gut wie alle Smartphone-Browser gehen bei einer Webseite zunächst davon aus, dass diese nicht mobil optimiert ist. In diesem Fall würde die Webseite aufgrund ihrer Breite nicht auf das Display passen. Darum stellt der Browser die Seite verkleinert dar.

Wenn sich der Webseitenbetreiber die Mühe gemacht und die Seite für Mobilgeräte angepasst hat, muss die Seite nicht mehr gezoomt werden. Mit Viewport wird dem Browser dies mitgeteilt.

Auf vielen Webseiten wird folgender Viewport empfohlen.

```
<meta name="viewport" content="width=device-width">
```

Dies findet sich auch so auf vielen Webseiten. Es ist aber nicht ganz optimal. Der Browser geht weiterhin davon aus, dass die Webseite mitunter nicht genau auf das Display des verwendeten Geräts angepasst ist. Darum muss er verschiedene Elemente herunterladen, die beim Zoomen eingeblendet werden könnten.

Ein Beispiel: Es gibt auf der Webseite eine CSS-Definition, welche ein Bild nur auf der Desktop-Version lädt:

```
@media (min-width:601px) {
    .image {
        background-image: url(hintergrund-desktop.jpg);
    }
}
```

In diesem Fall muss das Bild *hintergrund-desktop.jpg* heruntergeladen werden, denn der Benutzer könnte die Webseite so weit auszoomen, dass die Breite mehr als 600 px beträgt.

Wenn Sie die Einstellungen für den Viewport so ändern, dass der User nicht mehr zoomen kann, weiß der Browser von Beginn an, dass er dieses Element nicht laden muss, denn es kann niemals angezeigt werden.

Darum empfehle ich Ihnen, folgenden Viewport zu verwenden:

```
<meta name="viewport" content="width=device-width, initial-scale=1.0, user-
scalable=no">
```

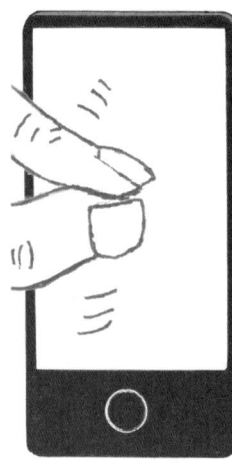

Bild 13.1
Smartphone

Mit dieser Angabe kann der Besucher zwar noch auf der Webseite scrollen, aber nicht mehr zoomen. Darum sollten Sie dabei darauf achten, dass die verwendete Schrift groß und gut lesbar ist.

Weiterhin sollte es keine Elemente wie Widgets (kleine Boxen auf der Seite) geben, die über dem Haupttext auf der Seite liegen.

Mit *http://www.responsinator.com* können Sie sehen, wie Ihre Webseite auf unterschiedlichen Smartphones und Tablets angezeigt wird. Darüber hinaus ist es immer auch sinnvoll die Webseite auf echten Geräten zu testen.

◼ 13.6 Bilder anpassen

Auf vielen mobile-optimierten Webseiten werden dieselben Bilder verwendet wie auf den Seiten für die Desktop-Ansicht. Zu große Bilder verursachen unnötigen Datentransfer. Das kann verhindert werden, wenn Bilder in verschiedenen Größen gespeichert werden. Je nach Version wird dann das passende Bild verwendet.

Wie das funktioniert, haben wir bereits in Kapitel 4, Bilder optimieren, gelernt.

 Wordpress-Praxistipp

Für Wordpress gibt es ein eigenes Plug-in, mit dessen Hilfe Sie ein großes Bild automatisch durch das passende in der richtigen Größe ersetzen können.

Das Plug-in nennt sich Adaptive Images for WordPress.

https://de.wordpress.org/plugins/adaptive-images/

14 Ladezeit von HTTPS-Seiten optimieren

Aufwand:	Schwierigkeitsgrad:	Nutzen:
Mittel	Hoch	Gering

Die Pagespeed-Optimierung von HTTPS-Seiten ist das komplexeste Thema, auf das ich in diesem Buch eingehe, und nur für Webseitenbetreiber interessant, die ihre Webseite mit einem SSL-Zertifikat verschlüsseln.

Laut Google ist HTTPS-Verschlüsselung wichtig und es sei ein Rankingfaktor, ob eine Webseite HTTPS verwendet oder nicht.[1] Zahlreiche Studien von SEO-Agenturen[2] zeigen jedoch, dass die Verwendung von HTTPS, wenn überhaupt, nur äußerst geringfügig Einfluss auf die Positionierung bei Google hat.

Trotzdem gibt es zahlreiche gute Gründe, auf einer Webseite HTTPS zu verwenden. Hauptsächlich für Onlineshops oder Seiten mit sensiblen Nutzerdaten ist das interessant. Auf Webseiten ohne Nutzer-Login oder ähnliche Funktionalität ist Verschlüsselung aus meiner Sicht nicht erforderlich.

■ 14.1 Was ist HTTPS?

Die Kommunikation zwischen unserem Computer und einem Webserver funktioniert, indem ein Browser eine Anfrage (Request) an den Webserver sendet. Der Server antwortet mit einem Response. Beide Pakete werden über das Internet übertragen. Diese Übertragung funktioniert über HTTP (Hypertext Transfer Protocol). Nun gibt es zwischen unserem Computer und dem Webserver mehrere Geräte, die diese Pakete weiterleiten.

Standardmäßig sind in HTTP sämtliche Datenpakete unverschlüsselt. Das bedeutet, dass jeder, der zwischen Ihrem PC und dem Webserver ist, sämtliche ausgetauschten Daten mitlesen kann. Das sind nicht nur die Provider, die involviert sind, das ist auch die Firewall,

---

[1] http://googlewebmastercentral.blogspot.ch/2014/08/https-as-ranking-signal.html
[2] z. B. https://www.stonetemple.com/how-strong-is-https-as-a-ranking-factor/

wenn wir uns im Firmennetzwerk befinden. Die IT-Abteilung eines Unternehmens kann somit alles mitlesen, was ein Mitarbeiter überträgt.

Dabei gibt es zwei Probleme. Erstens kann wie erwähnt jeder diese Pakete lesen und so beispielsweise an unsere Kreditkartennummer kommen, zum anderen wissen wir auch nicht, ob der Response tatsächlich von dem Webserver kommt, von dem wir es erwarten.

Bei einer Webseite ohne sicherheitsrelevante Funktionen ist das überhaupt nicht tragisch, da die Webseite ohnehin öffentlich zugänglich ist.

Kritisch wird es, wenn ein Benutzer sensible Daten wie eine Kreditkartennummer auf einer Webseite eingibt. Wenn eine Webseite keine SSL-Verschlüsselung verwendet, würden die Kreditkartendaten für jeden, der zwischen dem Benutzer und dem Webserver ist, einsehbar. Das sind nicht nur Hacker, sondern auch Internet Provider bzw. derjenige über dessen Router wir ins Internet gehen.

Bild 14.1 Kreditkartendaten eines Benutzers werden über Internet übertragen.

HTTPS-Seiten verwenden ein SSL-Zertifikat (eigentlich TLS-Zertifikat). Dieses Zertifikat löst beide Probleme. Daten werden verschlüsselt. Somit können nur noch der Webserver und der Benutzer die Daten lesen. Zudem ermöglicht das SSL-Zertifikat die Identifizierung der Gegenstelle. Damit können wir sicher sein, unsere Daten nur an eine Webseite zu senden, der wir vertrauen. Wie funktioniert das?

14.1.1 Identifizierung

Wenn wir im Browser eine HTTPS-Seite besuchen, erscheint in der Adresszeile ein kleines Schloss:

Bild 14.2 HTTPS-Verschlüsselung aktiv

Wenn wir auf dieses Schloss klicken, sehen wir, wem das Zertifikat gehört. Natürlich könnte hier jeder einen beliebigen Namen eingeben und die Webseitenbesucher so täuschen. Aus diesem Grund wird beim Aufruf einer HTTPS-Webseite das Zertifikat bei einer vertrauenswürdigen Stelle überprüft. Viele vertrauenswürdige Organisationen, die SSL-Zertifikate ausstellen und überprüfen, befinden sich in den USA. Webseitenbesucher aus Europa haben darum meist mit einem längeren Weg für die Identifikationsprüfung zu rechnen.

Scheitert die Überprüfung, zeigt uns der Browser folgende Fehlermeldung an:

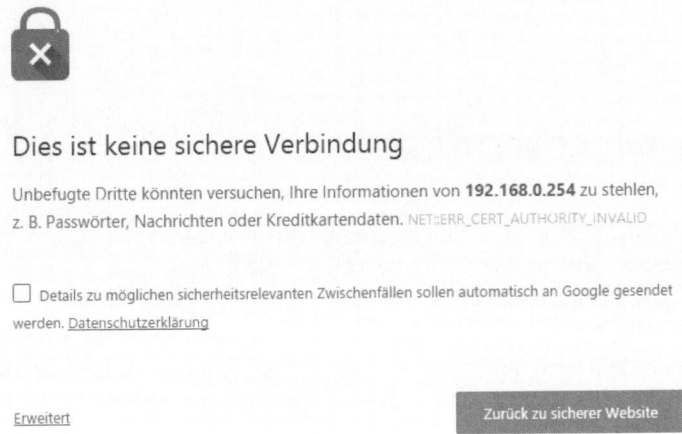

Dies ist keine sichere Verbindung

Unbefugte Dritte könnten versuchen, Ihre Informationen von **192.168.0.254** zu stehlen, z. B. Passwörter, Nachrichten oder Kreditkartendaten. NET::ERR_CERT_AUTHORITY_INVALID

☐ Details zu möglichen sicherheitsrelevanten Zwischenfällen sollen automatisch an Google gesendet werden. Datenschutzerklärung

Erweitert

Zurück zu sicherer Website

Bild 14.3 SSL-Zertifikat ungültig

Erscheint keine Fehlermeldung, können wir davon ausgehen, dass das Zertifikat vertrauenswürdig ist und der Webserver tatsächlich der ist, der er behauptet zu sein.

14.1.2 Verschlüsselung

Geben wir eine HTTPS-URL in den Browser ein, erzeugt er einen zufälligen Schlüssel, den er mit dem Request an den Server mitsendet.

Der Webserver generiert nun ebenfalls einen zufälligen Schlüssel und sendet diesen zusammen mit dem SSL-Zertifikat an den Besucher. Der Browser prüft die Echtheit und sendet den Pre-Master-Key. Mit diesem Schlüssel errechnen Server und Browser den Master Key. Ist diese Berechnung abgeschlossen, kann die Übertragung fortan verschlüsselt erfolgen.

Dafür sind vier Anfragen und Antworten (Roundtrips) zwischen Browser und Server erforderlich, was einige Zeit in Anspruch nimmt.

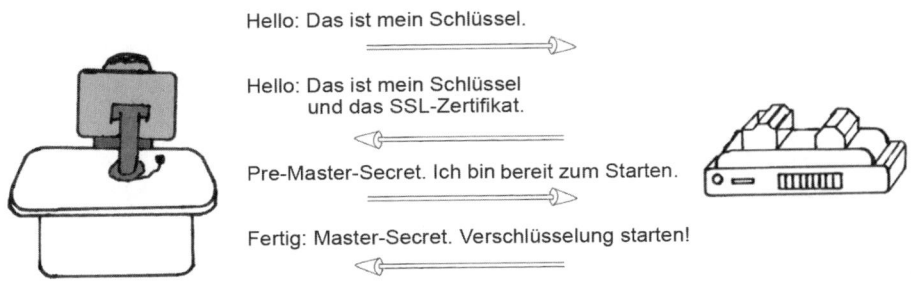

Hello: Das ist mein Schlüssel.

Hello: Das ist mein Schlüssel und das SSL-Zertifikat.

Pre-Master-Secret. Ich bin bereit zum Starten.

Fertig: Master-Secret. Verschlüsselung starten!

Bild 14.4 Handshake für eine SSL-Verschlüsselung

Nun ist die Verschlüsselung aktiv und kann genutzt werden. Diesen Vorgang nennt man Handshake.

■ 14.2 SSL beschleunigen

HTTPS bringt Webseitenbenutzern ein deutliches Sicherheitsplus, allerdings kann es sich negativ auf die Ladezeit auswirken. Die Gesamtmenge der dafür erforderlichen Daten ist zwar mit rund 5 kB recht gering, trotzdem braucht es eine gewisse Zeit; besonders weil die SSL-Handshakes sehr rechenintensiv sind.

Um eine Webseite, die HTTPS verwendet, schneller zu machen, gibt es verschiedene Möglichkeiten.

14.2.1 HTTPS nicht auf allen Seiten verwenden

Keine wirklich optimale Lösung, aber der wahrscheinlich einfachste Weg, um mit dem langsamen HTTPS umzugehen, ist, nicht die gesamte Seite auf HTTPS umzustellen. Mit unterschiedlichen Strategien können wir diesen Ansatz verfolgen.

Nur Formulare verschlüsseln

Es ist meist nicht notwendig, eine Startseite zu verschlüsseln. Wenn sich auf einer Seite ein Formular befindet, in welchem die Benutzer Daten eingeben, sollten diese Daten verschlüsselt an den Server übertragen werden.

Die Seite, auf der sich das Formular befindet, muss dazu allerdings nicht selbst eine HTTPS-Seite sein. Sie können auf einer unverschlüsselten Seite ein Formular einbauen. Ist das Ziel des Formulars eine HTTPS-Adresse, wird der Inhalt der Formularfelder verschlüsselt übertragen.

Dies könnte so aussehen:

Listing 14.1 HTML-Formular: Inhalt soll verschlüsselt übertragen werden.

```
<form action="https://www.ihreseite.seite">
Name: <input type="text">
Kreditkartennummer: <input type="text">
<input type="submit" value="Jetzt kaufen">
</form>
```

Für einen kleineren Onlineshop, der außer diesem Bestellformular keine weiteren sicherheitsrelevanten User-Interaktionen vorsieht, reicht diese Methode vollkommen aus.

Mitgliederbereich trennen

Gibt es auf einer Webseite einen Mitglieder- oder Kundenbereich, ist es meist notwendig, die dort gesendeten und empfangenen Inhalte zu verschlüsseln. Denken wir hierbei beispielsweise an einen E-Mail-Dienst, an Online-Banking oder ein soziales Netzwerk.

Aber auch auf diesen Seiten gibt es einen öffentlichen Bereich, der nicht zwingend verschlüsselt werden muss. Verschlüsseln sie einfach nur den Mitgliederbereich. Wenn Sie möchten, können Sie den Kundenbereich auf einer eigenen Subdomain, also https://kunden.ihreseite.seite, einrichten. Die Startseite bleibt unverschlüsselt und ist über http://www.ihreseite.seite erreichbar.

Viele Banken haben ihre öffentlichen Seiten unverschlüsselt. Das Online-Banking ist meist auf einem anderen Server, der über HTTPS erreichbar ist.

Kommt der Besucher über die Startseite, können Sie mit Prefetch die HTTPS-Unterseiten vorladen. Klickt er auf den Link zum Mitgliederbereich oder nutzt er das Login-Formular, um in den Mitgliederbereich zu kommen, hat der HTTPS-Handshake bereits stattgefunden. So sind diese Seiten für den Besucher deutlich schneller.

Wie das funktioniert, wird in Kapitel 9.4, Prefetch und Prerender ausführlich erklärt.

14.2.2 HTTPS-Handshake auf einem anderen Server durchführen

Auf manchen Webseiten ist es nicht erforderlich, den gesamten Inhalt mit SSL zu verschlüsseln. Durch eine Trennung zwischen öffentlichem und verschlüsseltem Bereich entlasten Sie Ihren Server.

Das kann beispielsweise eine Subdomain sein, die auf einem anderen Webserver eingerichtet ist. Damit die IP-Adresse dieses Servers möglichst schnell aufgelöst werden kann, sollten Sie Prefetch verwenden.

14.2.3 Server updaten

In den letzten Monaten hat sich sehr viel im Bereich SSL-Beschleunigung getan. Verschlüsselung benötigt sehr viel Rechenleistung. Wenn wir unseren Server auf den aktuellsten Stand bringen, können wir die vorhandene Rechnerleistung besser nutzen.

 Hinweis:

Beide hier dargestellten Update-Methoden sind komplex und können gravierende Auswirkungen auf Ihr System haben – sowohl positiv als auch negativ. Darum sollten Sie diese Updates nur selbst durchführen, wenn Sie genau wissen, was Sie tun.

Die meisten Hosting-Provider sind beim Update von V-Servern und dedizierten Servern gerne behilflich, weil es die Sicherheit des ganzen Systems fördert.

Am Beispiel eines Ubuntu-Servers zeige ich Ihnen, wie Sie den Kernel und OpenSSL auf den neuesten Stand bringen.

Kernel updaten

Verbinden Sie sich mithilfe eines SSH-Clients mit Ihrem Server und loggen Sie sich als Root ein (siehe Kapitel 2, Werkzeuge für die Pagespeed-Optimierung).

Geben Sie nun folgenden Befehl ein, um die aktuelle Version herunterzuladen:

```
sudo add-apt-repository ppa:kernel-ppa/ppa
```

Zur Sicherheit werden Sie erneut nach Ihrem Passwort gefragt.

Nun können Sie das Update durchführen, indem Sie Folgendes eingeben:

```
sudo apt-get update
```

OpenSSL updaten

OpenSSL ist eine freie und quelloffene Software, welche die Verschlüsselung bei HTTPS-Seiten übernehmen kann. Sehr viele Linux-Webserver setzen OpenSSL standardmäßig ein. Ein Update ist nicht nur wegen der Pagespeed-Optimierung zu überlegen.

Verschiedene Sicherheitslücken wie der Heartbleed-Bug wurden durch die Updates geschlossen. Zuletzt wurden im Juli 2015 Sicherheitslücken geschlossen. Danach gab es bis April 2016 drei weitere Updates.[3]

Wenn Sie ein Update vornehmen wollen, sollten Sie zunächst prüfen, welche Version von OpenSSL auf Ihrem Webserver derzeit verwendet wird. Dazu verbinden Sie sich mit Hilfe eines SSH-Clients mit dem Server und loggen sich ein.

Nun geben Sie in das Kommandofenster ein:

```
openssl version
```

Die Antwort wird in etwa so aussehen:

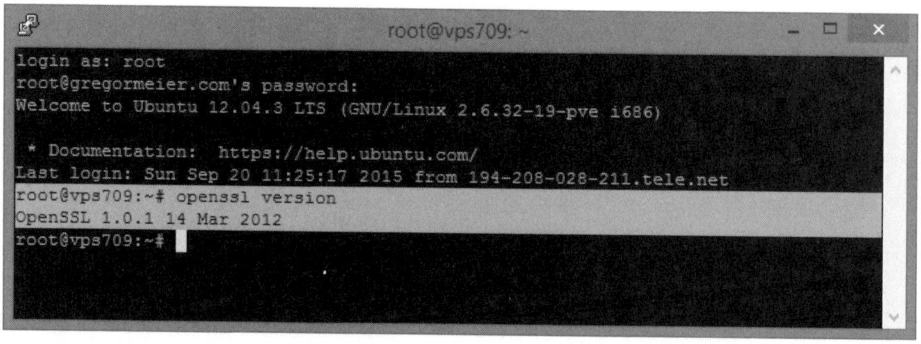

Bild 14.5 OpenSSL-Version herausfinden

---

[3] *https://de.wikipedia.org/wiki/Heartbleed*

In diesem Beispiel sehen Sie, dass die veraltete Version 1.0.1. verwendet wird. Ein Update auf die aktuelle Version wird ein Sicherheits- und Geschwindigkeitsplus bringen.

Das Update können Sie durchführen, indem Sie folgende drei Befehle ausführen:

```
sudo apt-get update
sudo apt-get upgrade
dpkg -l | grep openssl
```

Nun prüfen Sie erneut, welche Version von OpenSSL installiert ist. Geben Sie dazu ein:

```
openssl version
```

um zu sehen, ob das Update richtig ausgeführt wurde.

14.2.4 False Start

Standardmäßig sind zwei Roundtrips erforderlich, um die SSL-Verschlüsselung zu starten. Mit False Start ist es möglich, dies auf einen Roundtrip zu reduzieren und so den Handshake zu beschleunigen. Mit FalseStart wird das Zertifikat vom Server bereits gesendet, ohne dass die Anfrage abschließend bearbeitet wurde.

Um False Start auf unserer Webseite einzusetzen, können wir das SPDY-Protokoll von Google nutzen. Leider ist es nicht sehr einfach zu installieren. Für Apache gibt es ein Modul, über das Protokoll nutzen können.

Den Quellcode dieses Moduls können Sie von der Entwicklerseite *https://code.google.com/p/mod-spdy/* auf Ihren Server herunterladen. Dann müssen Sie das Modul installieren und aktivieren. Ich möchte Ihnen am Beispiel eines Ubuntu-Servers zeigen, wie das funktioniert.

Verbinden Sie sich dazu mit einem SSH-Client auf Ihren Server. Loggen Sie sich ein und laden Sie das Paket herunter. Geben Sie dazu ein:

```
cd /tmp
wget https://dl-ssl.google.com/dl/linux/direct/mod-spdy-beta_current_i386.deb
```

Mit folgender Eingabe führen Sie die Installation aus:

```
dpkg -i mod-spdy-*.deb
apt-get -f install
```

Nun ist das Modul installiert. Damit Sie es verwenden können, müssen Sie den Apache-Server neu starten. Geben Sie dazu ein:

```
/etc/init.d/apache2 restart
```

Nun müssen Sie das Modul noch aktivieren. Dies geschieht mit dem Befehl:

```
SpdyEnabled on
```

Prüfen Sie, ob das Modul aktiviert ist:

```
/etc/apache2/mods-available
```

Zum Schluss müssen Sie noch den Apache-Server neu starten.

```
sudo /etc/init.d/apache2 restart
```

14.2.5 Weiterleitungen vermeiden

Sehr wenige Besucher, die eine HTTPS-Webseite besuchen, geben im Browser tatsächlich die vollständige URL mit https:// ein. Der Webserver muss bei einem Aufruf der unverschlüsselten Seite einen 301-Statuscode zurückgeben, um eine Weiterleitung anzuzeigen. Der Browser muss dann erneut eine Anfrage mit der richtigen URL senden. Als Benutzer sehen wir das nicht, aber der Prozess im Hintergrund benötigt trotzdem Zeit.

Jeder Besucher sollte maximal einmal umgeleitet werden. Selbst große Webseiten leiten Besucher oft mehrfach weiter. Wenn er http://ihreseite.seite eingibt, sollte er nicht zuerst auf http://www.ihreseite.seite und dann erneut auf https://www.ihreseite.seite weitergeleitet werden.

Noch schlimmer ist die Weiterleitung von http://eineseite.com auf https://eineseite.com und dann die erneute Weiterleitung auf https://www.eineseite.com. In diesem Fall findet sogar auf der zweiten URL ein HTTPS-Handshake statt, der keinen Nutzen hat, da der Besucher sofort nach dem Laden der Seite weitergeleitet wird.

Jede Weiterleitung sollte direkt zum Ziel führen.

 SEO-TIPP

Um *Duplicate Content* zu vermeiden, sollte http://ihreseite.seite mittels 301-Weiterleitung auf https://ihreseite.seite weitergeleitet werden.

Ein Weg, die Weiterleitung von HTTP- auf HTTP-Seiten zu vermeiden, ist HTTP Strict Transport Security, kurz HSTS.

14.2.6 HSTS

Wenn Sie auf Ihrer Seite oder Ihrer Subdomain auf allen Dokumenten (Seiten, Bilder, CSS) HTTPS verwenden, können Sie mittels HSTS dies dem Browser bekanntgeben. HSTS ist ein Sicherheitsmechanismus für HTTPS-Verbindungen, der vor der Aushebelung der Verschlüsselung schützen soll.

Wenn Sie HSTS auf einer Seite einrichten möchten, müssen Sie dies in der *Apache-vhosts*-Datei tun. Um auf diese Datei zugreifen zu können, verbinden Sie sich mit einem SSH-Client mit Ihrem Server. Die gesuchte Datei befindet sich im Verzeichnis /etc/apache2/sites-available/.

In dieser Datei ändern Sie die Einstellungen für den VHost

Listing 14.2 Apache vhost-Datei

```
<VirtualHost <ip>:443>
   ServerAdmin ihreadresse@ihreseite.seite
   ServerName www.ihreseite.seite
   Header always set Strict-Transport-Security "max-age=31536000;"
</VirtualHost>
```

An der Stelle <ip> befindet sich die aktuelle IP-Adresse Ihres Servers. Da Apache den HTTP-Header ändern muss, ist das Modul *Headers* erforderlich. Dieses können Sie aktivieren, indem Sie folgenden Befehl ausführen:

```
a2enmod headers
```

Danach ist ein Neustart des Apache-Webservers erforderlich.

```
sudo /etc/init.d/apache2 restart
```

Eine 301-Weiterleitung ist nun nicht mehr nötig. Der Browser kann selbst alle URLs auf https:// umschreiben.

SEO-TIPP

Problematisch wird die Verwendung von HTTPS, wenn das Zertifikat ausläuft. In diesem Fall wird dem Besucher und auch dem Google-Bot eine Fehlermeldung angezeigt. Menschen können diese Meldung zwar übergehen, der Google-Bot wird aber Ihre Webseite nicht mehr lesen. Dadurch kann es zu einem niedrigeren Ranking kommen. SSL-Zertifikate sollten darum immer aktuell gehalten werden. ∎

15 Blick in die Zukunft

Die Infrastruktur des Internets wird in den nächsten Jahren weiter ausgebaut. Sowohl Staaten als auch private Unternehmen wie Google sind daran beteiligt. Besonders die Internetnutzung auf Smartphones wird durch LTE weiter beschleunigt werden.

Der Ausbau der Hardware allein genügt allerdings nicht. Formate und Protokolle, die noch aus der Zeit stammen, in der das Internet mit langsamen Modems funktioniert hat, müssen überdacht und weiterentwickelt werden.

Heute sind fast alle Bilder auf einer Webseite im JPG- oder PNG-Format. JPG gibt es seit 1992. Der Standard hat sich seitdem nicht verändert. Einige Unternehmen und Entwickler versuchen seit Längerem, einen Nachfolger zu etablieren, aber bis jetzt konnte sich kein anderes Bildformat so richtig durchsetzen.

Einen hoffnungsvollen Ansatz haben wir bereits kennengelernt, das WebP-Format (siehe Kapitel 4.4). Doch auch bei WebP gibt es Vorbehalte und Widerstände, weshalb Firefox WebP bislang nicht unterstützt.

Einen weiteren Ansatz liefert das BPG-Format.

15.1 BPG-Bildformat

2014 stellte der französische Entwickler Fabrice Bellard das BPG-Format vor. BPG steht für *Better Portable Graphics*. Bilder in diesem Format haben bei gleicher Bildqualität sogar eine noch geringere Dateigröße als in WebP. Die Grundidee hinter dem Format ist, dass unsere Geräte heute über sehr viel mehr Rechenleistung verfügen. Selbst viele Smartphones verfügen über einen Mehrkernprozessor, weshalb die Endgeräte das Rendering des Bilds übernehmen sollen.

Wie PNG bietet bei BPG Transparenz und zudem die Möglichkeit, in den Bildern Animationen einzubauen. Diese Animationen verfügen ebenfalls über deutliches Einsparpotenzial. Im Vergleich zu einem MP4-Video in ähnlicher Bildqualität ist die entsprechende BPG-Datei etwa halb so groß.

Der Nachteil von BPG besteht darin, dass es derzeit von keinem Mainstream-Browser unterstützt wird. Um es Webseitenbetreibern zu ermöglichen, dennoch damit zu arbeiten, bietet Bellard einen kleinen JavaScript-Decoder an, der auf der Webseite eingebaut wird und für die Darstellung der BPG-Bilder sorgt. Die JavaScript-Datei mit dem Decoder muss natürlich übertragen werden, was wiederum etwas Zeit in Anspruch nimmt. Daher ist dieses Vorgehen nur sinnvoll, wenn es auf der Webseite viele Bilder gibt.

Der Decoder steht auf der Webseite von Bellard, *http://www.bellard.org/bpg*, zur Verfügung.

◼ 15.2 Google Transcode

Ungeachtet des voranschreitenden Internetausbau wird es in absehbarer Zeit weiterhin viele Gebiete geben, in denen besonders mobile Internetzugänge langsam bleiben werden.

Im April 2015 kündigte Google einen Feldversuch in Indonesien an. Das Ziel ist es, Webseiten umzuschreiben und verändert an Besucher auszuliefern, wenn deren Internetverbindung besonders langsam ist. Beim *Transcoding* entfernt Google unnötige JavaScript- und CSS-Elemente und komprimiert die verbleibenden.

Nach eigenen Angaben hätten die umgeschriebenen Webseiten 80 % weniger Daten und seien aus diesem Grund vier Mal schneller als die Originalversion. Das Ergebnis seien 50 % mehr Besucher auf diesen Seiten (*http://googlewebmastercentral.blogspot.co.at/2015/04/ faster-and-lighter-mobile-web-pages-for.html*).

Voraussetzung für das Transcoding ist, dass es sich bei der Webseite um eine mobiloptimierte Seite handelt. Das Transcoding findet nur statt, wenn der Besucher ein Smartphone mit Chrome oder Android-Browser verwendet und über die Google-Websuche auf eine Seite klickt.

Auf den „transcodeten" Seiten gibt es immer einen Link zur Originalversion der Webseite und Webseitenbetreiber können über einen Tag das Transcoding verhindern.

Im Juni 2015 kündigte Google an, aufgrund des Erfolgs den Feldversuch in Kürze auf Indien und Brasilien ausweiten zu wollen. Ob dieser Test irgendwann in den Dauerbetrieb übergeht und ob dieser Service irgendwann auch in Europa und für andere Smartphones zur Verfügung stehen wird, lässt sich zum jetzigen Zeitpunkt aber nicht sagen.

Andererseits werden immer mehr Unternehmen und private Webseitenbetreiber erkennen, wie wichtig eine schnelle Webseite, und an deren Pagespeed-Optimierung arbeiten. Ich hoffe, dass ich mit meinem Buch ein Stückchen dazu beitragen kann.

■ 15.3 Accelerated Mobile Pages

Am 7. Oktober 2015 hat Google ein weiteres Projekt für schnellere mobile Webseiten vorgestellt: *Accelerated Mobile Pages*. Mit diesem Programm möchte Google Webseitenbetreiber helfen, den Pagespeed von mobilen Webseiten deutlich zu verbessern.

Das Projekt basiert auf *AMP HTML*, einem neuen und offenen Framework, das ausschließlich bereits bestehende Technologien wie HTML und JavaScript nutzt. Für nahezu 30 Produkte will Google den AMP-Standard in Kürze umsetzen. Ebenso planen verschiedene Technologiepartner, darunter Twitter, Pinterest, LinkedIn, aber auch Wordpress.com, AMP HTHML auf ihren Seiten einzufügen.[1]

Der Fokus der Entwicklung liegt auf Seiten mit tendenziell statischen Inhalten, beispielsweise Newsportalen. Durch die Reduzierung auf die wesentlichen HTML-Bestandteile sollen mobile Webseiten zugleich einfach benutzbar und schnell werden.

Die Entwickler sind der Auffassung, dass die unterschiedlichen JavaScript-Bibliotheken, die auf zahlreichen Webseiten verwendet werden, für die schlechte Performance auf Mobilgeräten verantwortlich sind.

Für Webseiten mit User-Interaktion wie Webshops mit einem Warenkorb oder soziale Communities sind JavaScript-Bibliotheken essenziell. Eine Nachrichtenwebseite besteht in der Regel aus Überschriften, Texten und Bildern. Interaktionen der Besucher beschränken sich neben dem Klicken auf Links oft auf das Kommentieren und Teilen von Inhalten in sozialen Netzwerken. Dafür benötigt man nur wenig JavaScript-Code. AMP-Komponenten können auch JavaScript nutzen, aber sie werden von AMP koordiniert. Dadurch soll eine deutliche Performancesteigerung erreicht werden.

CSS sehen die Erfinder von AMP HTML nicht so kritisch, dennoch bietet auch CSS viel Optimierungspotenzial. Durch das Best Practice Enforcement, also die Verpflichtung sich streng an Programmierstandards zu halten, wollen sie erreichen, dass Dokumente so aussehen, wie die Webseitenbetreiber es wollen, und trotzdem sehr schnell laden.[2]

Das Umstellen einer bestehenden Webseite auf AMP HTML bringt einiges an Aufwand mit sich. Für alle Elemente, die auf JavaScript angewiesen sind, müssen Alternativen gefunden oder programmiert werden. Das gilt beispielsweise auch für Webanalysetools wie Google Analytics. An der Integration wird gearbeitet, wann eine Unterstützung verfügbar sein wird, ist noch nicht bekannt.

Wer eine Webseite hat, die ohne viel JavaScript auskommt, oder eine neue Webseite entwickelt und besonderen Wert auf eine schnelle mobile Seite legt, der sollte sich intensiver mit AMP HTML befassen, denn die Grundidee ist meiner Meinung nach zukunftsfähig. Bis größere Webseiten ohne viele Einschnitte auf AMP umgestellt werden können, wir noch etwas Zeit vergehen.

---

[1] *https://googleblog.blogspot.ch/2015/10/introducing-accelerated-mobile-pages.html*
[2] *https://www.ampproject.org/how-it-works/*

16 Fazit

Wir haben gesehen, wie man eine Webseite mit verschiedenen Methoden deutlich schneller machen kann. Ladezeiten von unter einer Sekunde und eine 100/100-Bewertung bei Google Pagespeed Insights sind kein Hexenwerk.

Bild 16.1
Pagespeed-Optimierung abgeschlossen

Der Nutzen, den eine gute Ladezeit bringt, ist klar: Besucher bleiben länger und kaufen z. B. mehr. Im Endeffekt verkaufen Sie mehr. Das Benutzererlebnis ist bei Google ein wichtiger Rankingfaktor. Wird Ihre Webseite bei Google besser gefunden, kommen mehr Besucher zu Ihnen. Am Ende des Tages bedeutet das für Sie, dass Sie in – welcher Form auch immer – mehr Geld verdienen.

Eine niedrige Ladezeit ist besonders auf mobilen Endgeräten wichtig. Benutzer erwarten unterwegs eine noch schnellere Webseite, obwohl das wegen der höheren Latenz im Mobilfunknetz schwieriger umzusetzen ist.

Ob Sie alle in diesem Buch vorgestellten Tipps anwenden oder nur einen Teil davon, hängt ganz von Ihrer Webseite, deren Aufbau und Inhalt ab. Einfach umzusetzende Empfehlungen, wie die Komprimierung mit gzip oder das Browsercaching, können auf fast jeder Webseite umgesetzt werden. Andere Methoden erfordern eine differenzierte Betrachtung und ein Abwägen von Vor- und Nachteilen. Eine Webseite, deren Besucher vorwiegend über die Startseite kommen, kann mit Prefetch mehr erreichen als eine Webseite, deren Besucher vorwiegend über Produktseiten kommen. In diesem Fall wird der Einsatz des Server-Caches wichtiger sein.

Selbst wenn Sie nur einen Teil dieser Tipps anwenden können, bin ich überzeugt, dass Sie Ihre Webseite um einiges schneller machen werden.

Diese Tipps können nicht vollständig sein. Es gibt noch unzählige Methoden, die Ihnen noch mehr Speed bringen können. Auch einen Ferrari kann man immer noch mehr tunen. Irgendwann stellt sich aber die berechtigte Frage, welches Vorgehen noch wirtschaftlich ist. Ein Ferrari ist eben kein VW Passat. Dieser ist wahrscheinlich auf den ersten Blick das wirtschaftlichste Auto. Aber wenn Sie an einem professionellen Autorennen teilnehmen wollen, ist der Ferrari die bessere Wahl.

Index